TABLETTES

CHRONOLOGIQUES.

DE L'IMPRIMERIE DE SMITH.

TABLETTES

CHRONOLOGIQUES,

Par M. KOCH,

ANCIEN TRIBUN, CHEVALIER DE LA LÉGION D'HONNEUR, CORRESPONDANT DE L'INSTITUT, ET RECTEUR HONORAIRE DE L'ACADÉMIE IMPÉRIALE DE STRASBOURG.

PARIS,

Chez F. SCHŒLL, Libraire, rue des Fossés-Montmartre, n.° 14.

1813.

Ces Tablettes font partie du Tableau des révolutions
de l'Europe , par le même auteur, en 4 Vol. in-8.°

TABLEAU

DES

RÉVOLUTIONS

DE L'EUROPE.

TABLETTES

CHRONOLOGIQUES

DE

L'HISTOIRE ANCIENNE.

Années du monde.	Années avant J. C.	Années de Rome.	
1656	2344		Déluge.
2421	1579		Ere attique. Cécrops.
2500	1500		Sésostris, conquérant d'Égypte.
2513	1487		Sortie des Israélites de l'Egypte. Moïse.
2720	1280		Expédition des Argonautes.
2794	1206		Prise de Troie par les Grecs.
3000	1000		Salomon, roi des Juifs.
3119	881		Fondation de la ville de Carthage.
3140	860		Lycurgue, législateur de Sparte.
3226	774		Ere vulgaire des Olympiades.
3234	766		Monarchie des Assyriens, fondée par Phul.
3249	751	1	Fondation de la ville de Rome.

Années du monde.	Années avant J. C.	Années de Rome.	
3255	715	7	Ère de Nabonassar.
3403	597	155	Destruction de l'ancien royaume des Juifs par Nabuchodonosor, roi de Babylone.
3408	592	160	Solon, législateur d'Athènes.
3463	537	215	Prise de Babylone par Cyrus. Monarchie des Persans.
3493	507	245	Origine de la république romaine. Ère des consuls.
3512	488	264	Bataille de Marathon Miltiade.
3522	478	274	Combat naval de Salamine. Thémistocle.
3523	477	275	Bataille de Platée. Pausanias et Aristide.
3551	449	303	Loi des XII tables.
3547	453	307	Hérodote, père de l'Histoire.
3571	429	323	Guerre du Péloponnèse. Périclès. Thucydide.
3602	398	354	Retraite des dix mille Grecs. Xénophon.
3639	361	391	Bataille de Mantinée. Epaminondas.
3664	336	416	Bataille de Chéronée. Philippe, roi de Macédoine.
3672	328	424	Fin des Persans. Monarchie d'Alexandre-le-Grand.
3690	310	442	Ère des Séleucides.
3697	303	449	Partage de la monarchie d'Alexandre-le-Grand ; origine des royaumes de Macédoine, de Syrie et d'Égypte.
3738	262	490	Première guerre punique des Romains.
3786	214	538	Bataille de Cannes. Annibal.
3835	165	587	Fin du royaume de Macédoine.
3856	144	608	Destruction de Carthage. Scipion l'Africain.
——	——	——	Sac de Corinthe. Mummius.
3900	100	652	Défaite des Teutons et des Cimbres. Marius.
3920	80	672	Sylla, dictateur à Rome.
3936	64	688	Fin du royaume de Syrie.
3942	58	694	Triumvirat de César, Pompée et Crassus.

Années du monde.	Années avant J. C.	Années de Rome.	
3952	48	704	Les Gaules subjuguées par César.
3954	46	706	Bataille de Pharsale; César dictateur.
3956	44	708	Réformation du calendrier par Jules-César; année Julienne.
3959	41	711	Triumvirat d'Octavien, de Marc-Antoine et de Lépidus.
3962	38	714	Ère d'Espagne.
3971	29	723	Bataille d'Actium; fin de la république romaine; Auguste, empereur.
3972	28	724	Fin du royaume d'Egypte.
4000	1	752	Naissance de Jésus-Christ.
4001	1	753	Ere dionysienne ou vulgaire de J. C.

* * *

Années de J. C.	
70	Prise et sac de Jérusalem par les Vespasiens.
79	Fameuse éruption du Vésuve; ruine de Pompéii et de Herculaneum.
135	Dispersion des Juifs par l'empereur Adrien.
213	Première mention des Alemanni sous Caracalla.
260	Première mention des Francs sous Gallien.
284	Ere de Dioclétien ou des martyrs.
325	Premier concile général de Nicée; introduction du christianisme dans l'empire romain sous Constantin-le-Grand.
330	Translation du siége de l'empire à Byzance, nommé depuis Constantinople.
375	Invasion des Huns en Europe.
395	Partage de l'empire romain en Oriental et Occidental.
406	Invasion des Barbares dans l'empire d'Occident.
476	Bouleversement de l'empire romain d'Occident.

TABLETTES

CHRONOLOGIQUES

DES

RÉVOLUTIONS DE L'EUROPE,

Depuis le bouleversement de l'empire romain d'Occident jusqu'à nos jours.

Années de J. C.	
406	Invasion des Barbares dans la Gaule.
409	Les Vandales, Suèves et Alains s'établissent en Espagne.
413	Entrée des Bourguignons dans la Gaule.
415	Prise de Barcelone par les Visigoths ; origine de leur monarchie en Espagne.
427	Passage des Vandales et des Alains dans l'Afrique romaine ; origine de leur royaume en Afrique.
430	Entrée des Francs dans la Gaule sous Clodion. Rois mérovingiens des Francs.
450	Passage des Anglo-Saxons dans la Bretagne romaine.
451	Défaite des Huns, commandés par Attila, dans les plaines de Châlons.
452	Origine présumée de Venise.
456	Fondation du royaume des Bourguignons dans la Gaule.
472	Domination des Romains bouleversée, en Espagne, par les Visigoths.
476	Prise de Rome par Odoacre, roi des Hérules ; fin des empereurs d'Occident ; origine du royaume des Hérules en Italie.
486	Défaite de Syagrius, à Soissons, par Clovis, roi des Francs ; fin de la domination des Romains dans la Gaule.

493	Théodoric, roi des Ostrogoths, fait la conquête de l'Italie; fin de la domination des Hérules.
496	Défaite des Alemanni à Tolbiac, par Clovis. Les Francs embrassent le christianisme.
507	Victoire de Vouglé par Clovis; les Visigoths sont dépouillés de leurs possessions entre la Loire et les Pyrénées.
511	Mort de Clovis, conquérant des Gaules.
531	Destruction du royaume des Thuringiens par les fils de Clovis.
534	Le royaume des Bourguignons est bouleversé par les fils de Clovis.
——	Les Grecs mettent fin au royaume des Vandales.
553	La monarchie des Ostrogoths est anéantie par Justinien; les Grecs maîtres de l'Italie.
568	Fondation du royaume des Lombards en Italie.
——	Les Avares s'emparent de la Pannonie.
584	Destruction du royaume des Suèves dans la Galice; les Visigoths maîtres de toute l'Espagne.
622	Ère de l'hégire; origine de la religion et de l'empire de Mahomet.
687	Victoire de Testry; Pepin d'Héristal s'arroge le souverain pouvoir, sous le titre de duc et prince des Francs.
711	Bataille de Xerès de la Frontera; la monarchie des Visigoths bouleversée par les Arabes.
730	Les Romains s'érigent en république sous l'autorité du pontife romain; première origine de l'état ecclésiastique.
732	Défaite des Arabes à Poitiers, par Charles Martel.
742	Premier usage de l'ère Dionysienne dans les actes publics des Francs.
749	Les Califes Ommiades sont dépouillés par les Abassides.
750	Alphonse I, dit le Catholique, jette les fondemens du royaume de Léon.
752	Pepin-le-Bref, élu roi des Francs, est sacré à Soissons par S. Boniface. Rois Carlovingiens des Francs.
756	Le pontife romain mis en possession de l'exarchat de Ravenne par Pepin-le-Bref.

756	Fondation du califat de Cordoue par un descendant des califes Ommiades.
759	Prise de Narbonne sur les Arabes ; Pepin maître de toute la Gaule.
771	Charlemagne réunit toute la monarchie des Francs.
774	Fin du royaume des Lombards ; les Francs maîtres de l'Italie et de la ville de Rome ; patriciat de Charlemagne.
778	Conquête de l'Espagne entre les Pyrénées et l'Ebre, par les Francs.
795	Commenc.^t des courses maritimes des Normands.
796	Destruction du royaume des Avares par Charlemagne ; la Panonie passe sous la domination des Francs.
800	Charlemagne est couronné empereur à Rome ; renouvellement de la dignité impériale en Occident ; origine de *l'empire des Francs*.
803	Paix de Saltza : les Saxons se soumettent à Charlemagne, et embrassent le christianisme.
814	Mort de Charlemagne ; Louis-le-Débonnaire, empereur des Francs.
827	Fin de l'heptarchie angloise ; Egbert-le-Grand, roi de toute l'Angleterre.
843	Paix de Verdun : partage de l'empire des Francs.
——	Origine du *royaume de France* sous Charles-le-Chauve.
——	Origine du *royaume d'Allemagne* sous Louis-le-Germanique.
850	Fondation de la monarchie des Russes par Ruric-le-Normand.
855	Origine du *royaume de Lorraine* sous Lothaire II.
858	Origine du *royaume de Navarre* sous don Garcie.
874	Fondation de la république d'Islande par les Normands.
877	Le système féodal héréditaire prend naissance en France sous Charles-le-Chauve.
879	Origine du royaume de *Bourgogne cis-jurane* sous Boson.
880	Schisme entre les Grecs et Latins.
887	Déposition de Charles-le-Gros par les Allemands ; élection d'Arnoul ; les Allemands rendent leur couronne élective.

887	Arrivée des Hongrois sur le Danube, sous la conduite d'Almus et d'Arpad, leurs chefs.
888	Démembrement final de l'empire des Francs; l'*Italie* devient un *royaume* particulier.
——	Origine du *royaume de Bourgogne trans-jurane*, sous Rodolphe.
894	Borziwoy, premier duc chrétien de la Bohême.
895	Zuentibold, fils naturel du roi Arnoul, est déclaré roi de Lorraine par son père.
900	Démembrement du royaume de Moravie par les Hongrois, qui font aussi la conquête de la Panonie; origine de la *Hongrie moderne*.
908	Fondation du califat des Fathimides en Afrique et en Egypte.
911	Charles-le-Simple, roi de France, s'empare du royaume de Lorraine.
912	Traité de Saint-Clair-sur-Epte : Rollo, chef des Normands, est créé duc de Normandie, sous le nom de Robert I.
919	Avénement de la dynastie saxonne des rois d'Allemagne.
924	Interruption de la dignité impériale en occident, à la mort de Bérenger I, roi d'Italie ét empereur.
925	Réunion du royaume de Lorraine par Henri I, roi d'Allemagne.
930	La Bourgogne cis-jurane est réunie à la trans-jurane par le roi Rodolphe II.
933	Défaite des Hongrois près de Mersebourg, par Henri I, roi d'Allemagne.
961	Réunion du royaume d'Italie, par Otton-le-Grand, roi d'Allemagne.
962	Renouvellement de la dignité impériale par Otton; origine de l'*empire d'Allemagne*.
965	Harald-Blaatand, roi de Danemarck, reçoit le baptême.
966	Mieczyslaw I, duc de Pologne, se fait chrétien.
987	Hugues Capet devient roi de France; avénement de la dynastie des Capétiens.
988	Wladimir-le-Grand, grand-duc de Russie, embrasse le rit grec.
994	Geysa, prince des Hongrois, se fait chrétien.

1000	Étienne I, premier roi de Hongrie, couronné avec la couronne dite *angélique*.
1001	Olof Skœtkonung, premier roi de Suède, embrasse le christianisme.
1014	Canut-le-Grand, roi de Danemarck.
1015	Mort de Wladimir-le-Grand; commencement des partages de la Russie.
1017	Conquête de l'Angleterre par Canut-le-Grand.
1020	Olof II, dit le Gros, roi de Norwège, introduit le christianisme.
1024	Avénement de la dynastie des empereurs de la maison Salique.
1030	Démembrement du califat de Cordoue; décadence des Mahométans en Espagne.
1032	Réunion du royaume de Bourgogne par l'empereur Conrad II de la maison Salique.
1035	Partage des états de Sanche-le-Grand en royaumes de Navarre, de Castille et d'Aragon.
1038	Fondation de l'empire des Turcs Seljoucides par Togrulbeg.
1042	Expulsion des Danois de l'Angleterre.
1043	Réunion de la Panonie jusqu'à la Leytha par l'empereur Henri III; grandeur des Allemands.
1048	Gérard d'Alsace, premier duc héréditaire de la Lorraine mosellane et tige de la maison de Lorraine.
1059	Robert Guiscard-le-Normand, duc de la Pouille et de la Calabre, se rend vassal du pape.
1061	Aboubekr, fondateur de l'empire des Almoravides dans l'Afrique septentrionale.
1066	14 oct. Bataille de Hastings; conquête de l'Angleterre par Guillaume-le-Conquérant.
——	Les Tournois sont connus.
1069	Yousouf, souverain des Almoravides, construit Maroc.
1071	Les Grecs sont dépouillés d'une partie de l'Asie mineure par les Turcs Seljoucides.
——	Guelphe, tige de la maison de Brunswick, est créé duc de Bavière.
1073	Grégoire VII, dit Hildebrand, est élu pape et confirmé par l'empereur.
1074	Interdiction des investitures laïques et du mariage

des prêtres par Grégoire VII ; origine de la nouvelle puissance pontificale ; décadence de l'empire d'Allemagne ; naissance du système féodal héréditaire de l'Empire.

1074 | Origine de la maison de Bade, issue des ducs de Zaringue.

1075 | Conquête de la Palestine par les Turcs Seljoucides.

1076 | L'empereur Henri IV d'Allemagne est déposé par Grégoire VII ; abus du pouvoir des clefs ; guerre entre l'Empire et le Sacerdoce.

1080 | Fondation de l'ordre des Chartreux ; multiplication des ordres religieux.

1085 | Alphonse VI, roi de Castille, enlève aux Maures Tolède et Madrid.

1086 | Les Almoravides d'Afrique envahissent l'Espagne.

1087 | Première guerre entre la France et l'Angleterre ; naissance de la rivalité entre les deux nations.

1092 | Démembrement de l'empire des Turcs Seljoucides.

1094 | Henri de Bourgogne, de la maison de France, créé comte de Portugal.

1095 | Concile de Clermont ; origine des croisades.

1096 | Croisade de Godefroy de Bouillon.

1099 | Fondation du royaume de Jérusalem par Godefroy de Bouillon.

1100 | Fondation de l'ordre de S. Jean de Jérusalem.

1106 | Les villes d'Italie commencent à s'ériger en républiques ; origine des communes.

—— | Godefroy, comte de Louvain, premier duc héréditaire de la Basse-Lorraine et tige des maisons de Brabant et de Hesse.

1115 | Renaissance du droit romain en Italie.

—— | Ouverture de la succession de la comtesse Mathilde ; agrandissement de l'état ecclésiastique.

1119 | Fondation de l'ordre des Templiers.

1120 | Origine de l'empire des Almohades, conquérans de l'Afrique et de l'Espagne mahométane.

1122 | Concordat entre l'empereur Henri V et le pape Calixte II ; fin de la querelle des investitures.

1127 | Les ducs de Zaringue créés régens du royaume de Bourgogne.

1130 | Roger II, premier roi des Deux-Siciles, de la dynastie des Normands.

1136	Henri, dit le Superbe, duc de Bavière, réunit le duché de Saxe.
1138	Avénement de la maison de Hohenstaufen au trône de l'Empire.
——	Commencement des partages de Pologne à la mort de Boleslas III.
1139	24 juill. Bataille d'Ourique ; Alphonse I, fils du comte Henri, proclamé roi de Portugal.
1142	Alphonse I, roi de Portugal, se rend vassal et tributaire du pape.
1147	Croisade de l'empereur Conrad III et de Louis VII, roi de France, contre l'atabek Zenghi.
1152	Eléonore de Poitou, héritière d'Aquitaine, de Gascogne, du comté de Poitou, etc., répudiée par Louis VII, épouse Henri Plantagenet, comte d'Anjou.
——	Décret de Gratien.
1154	Henri II, roi d'Angleterre ; avénement des Plantagenets ou Angevins.
1156	L'Autriche de margraviat est érigée en duché par l'empereur Frédéric I.
1157	Conquête de la Finlande par les Suédois.
——	Albert-l'Ours, margrave du nord, s'empare de la ville de Brandebourg ; origine du margraviat de ce nom.
——	André Juriewitsch, grand-duc de Russie, établit son siége à Wladimir sur la rivière de Kliasma ; schisme politique de la Russie.
1158	Découverte de la Livonie, par des marchands de Bremen.
1164	La Sardaigne est érigée en royaume par l'empereur Frédéric I.
1167	Ligue des villes de Lombardie, opposée à l'empereur Frédéric I.
1171	Saladin s'empare de l'Egypte et fonde la domination des sultans Ayoubites.
1172	Conquête de l'Irlande par Henri II, roi d'Angleterre.
1177	Paix de Venise : l'empereur Frédéric I renonce à la préfecture de Rome ; les Vénitiens s'arrogent la seigneurie de la mer Adriatique.
1180	Chute de la maison des Guelphes ; avénement

	de celle de Wittelsbach au duché de Bavière, et de la maison Ascanienne au duché de Saxe; démembrement de ces duchés.
1187	Destruction du royaume de Jérusalem par Saladin.
1189	Croisade de l'empereur Frédéric I, de Philippe-Auguste, roi de France, et de Richard Cœur-de-Lion, roi d'Angleterre.
——	Avénement de la maison de Hohenstaufen au trône des Deux-Siciles.
1191	Siége et prise de Ptolémaïde par les Croisés.
——	Fondation de l'ordre Teutonique.
1192	Gui de Lusignan créé roi de Chypre par Richard, roi d'Angleterre.
1198	La Bohême est érigée en royaume.
1200	Première mention de la boussole.
——	L'université de Paris formée en quatre facultés; origine des universités.
——	Fondation de la ville de Riga par l'évêque Albert de Livonie.
1201	Fondation de l'ordre des chevaliers Porte-glaive en Livonie.
1202	Quatrième grande croisade sous la conduite de Boniface, marquis de Montferrat.
1204	Prise de Constantinople par les Croisés; démembrement de l'empire grec; origine de l'empire des Latins à Constantinople et des empires grecs de Nicée et de Trébisonde.
——	Les Anglois dépouillés de la Normandie, etc., par Philippe-Auguste, roi de France.
——	Commission établie en Languedoc pour juger les hérétiques; première origine de l'inquisition.
——	Don Pèdre II, roi d'Aragon, se rend vassal du pape.
1206	Tschinghis-Khan s'érige en conquérant; origine du grand empire des Mongols.
1212	Bataille d'Ubeda; défaite et chute des Almohades d'Afrique.
1213	Jean-sans-Terre, roi d'Angleterre, se rend vassal du pape.
——	Bataille de Bouvines par Philippe-Auguste.
1215	Le Palatinat du Rhin entre dans la maison de Wittelsbach.

1215	Grande chartre du roi Jean-sans-Terre; base de la constitution d'Angleterre
1217	Croisade d'André II, roi de Hongrie.
1218	Extinction des ducs de Zaringue; la Suisse devient province immédiate de l'Empire.
1222	Chartre ou décret du roi André II; base de la constitution hongroise.
1226	Renouvellement de la ligue de Lombardie opposée à l'empereur Frédéric II.
1227	Bataille de Bornhœved dans le Holstein; Waldemar II, roi de Danemarck, perd ses conquêtes sur la côte méridionale de la mer Baltique.
1228	Croisade de l'empereur Frédéric II.
1230	L'ordre Teutonique s'établit dans la Prusse.
——	Conquête des îles Baléares par le roi d'Aragon; celle de la Courlande par les chevaliers de Livonie.
1235	Décrétales de Grégoire IX.
——	Erection du duché de Brunswick en faveur de la maison des Guelphes.
1236	Conquête des royaumes de Cordoue, de Murcie et de Séville par les Castillans.
1237	Conquête de la Russie par Batou-Khan; origine de la horde mongole ou tatare du Kaptschak.
——	Réunion de l'ordre des chevaliers Porte-glaive à la grande-maîtrise de l'ordre Teutonique.
1241	Origine présumée de la ligue hanséatique.
——	Invasion des Mongols dans la Pologne, la Silésie et la Hongrie.
1246	Extinction des mâles de la maison de Bamberg-Autriche.
1247	Extinction des anciens landgraves de Thuringe; la Hesse est dévolue à la maison de Brabant.
——	Affranchissement des gens de main-morte, par le duc Henri II de Brabant.
1248	Croisade de S. Louis, roi de France.
1250	Avénement des rois Folkungiens de Suède.
1254	Avénement des empereurs de différentes maisons en Allemagne.
——	Fin de la domination des Ayoubites en Egypte et en Syrie; commencement de l'empire des Mamelucks.

1255	Affranchissement des serfs à Bologne, en Italie.
1261	Michel Paléologue, empereur de Nicée, s'empare de Constantinople; fin de l'empire des Latins.
1265	Première réserve générale, du pape Clément IV, des bénéfices vacans en cour de Rome par la mort des bénéficiers.
——	Avénement de la maison d'Anjou au trône des Deux-Siciles.
1266	Admission des communes au parlement d'Angleterre.
1268	Conradin décapité à Naples, extinction de la maison de Hohenstaufen; la Suabe et la Franconie deviennent provinces immédiates de l'Empire.
1271	Le comté de Toulouse passe au roi de France, et le comtat Venaissin au pape.
1273	Avénement de l'empereur Rodolphe de Habsbourg au trône de l'Empire; première élection par les sept électeurs privatifs.
1282	Vêpres siciliennes; le royaume de Sicile passe au roi d'Aragon.
——	Conquête du pays de Galles par le roi d'Angleterre.
——	L'empereur Rodolphe investit ses fils des duchés d'Autriche; fondation de la maison de Habsbourg-Autriche.
1283	L'ordre Teutonique achève la conquête de la Prusse.
1289	Extinction de la race mâle des anciens rois d'Ecosse; contestations entre les Baliols et les Bruces.
1290	Chute de la république de Pise; élévation de celle de Gênes.
1291	Prise de Ptolémaïde et de Tyr par les Mameluks; fin des croisades.
1294	Décadence de l'empire des Mongols à la mort de Kublaï-Khan.
1298	Introduction de l'aristocratie héréditaire à Venise.
1300	*Boniface VIII;* grandeur des papes.
——	Fondation de l'empire turc moderne par *Ottoman I.*
1301	Fin de la race mâle des anciens rois de Hongrie avec André III; avénement des Angevins de Naples.

1303	Admission du tiers - état aux états - généraux de France.
1308	Avénement de la maison de Luxembourg au trône de l'Empire.
——	Première origine de la confédération Helvétique.
1309	Siége des papes à Avignon ; chute de leur autorité.
——	Fin des anciens rois slavons de Bohême ; avénement de la maison de Luxembourg au trône de Bohême.
——	Les villes d'Empire admises à la diète ; origine du collége des villes.
——	Marienbourg, en Prusse, devient le chef-lieu de l'ordre Teutonique.
1310	Conquête de l'île de Rhodes, par les chevaliers de S. Jean.
1312	Concile de Vienne ; suppression de l'ordre des Templiers.
——	La ville de Lyon passe sous la souveraineté françoise ; premier démembrement du royaume de Bourgogne ou d'Arles.
——	Le canon et la poudre employés par les Maures en Espagne.
1315	Ligue de Brunnen ; base du système fédératif des Suisses.
——	Affranchissement des serfs de la couronne, par Louis X, roi de France.
——	Mathieu Visconti, seigneur de Milan, s'érige en conquérant.
1320	Gédimin, grand-duc de Lithuanie, s'empare de Kiovie.
——	La dignité royale devient permanente en Pologne depuis Uladislas Lokietek.
1322	Extinction des électeurs de Brandebourg de la maison Ascanienne ; cet électorat est adjugé à la maison de Bavière.
1326	La Sardaigne passe sous la domination des rois d'Aragon.
1328	*Philippe VI*, roi de France ; avénement de la maison de Valois.
——	Le siége des grands-ducs de Russie fixé à Moscou.
1329	Traité de Pavie ; partage de la maison de Wittelsbach en branches Palatine et de Bavière.

1335	Cession faite aux rois de Bohême des droits de haute-souveraineté de la Pologne sur la Silésie.
1337	Édouard III, roi d'Angleterre, s'érige en prétendant à la couronne de France.
1338	Union générale des électeurs d'Empire.
——	Loi de Francfort pour le maintien de l'indépendance de l'Empire contre les papes.
1340	Bataille de Tariffe; défaite des Maures d'Espagne et d'Afrique par Alphonse XI, roi de Castille.
——	Les Polonois s'emparent de la Russie rouge, des provinces de Podolie et de Volhynie.
1343	Les Vénitiens obtiennent entière liberté de commerce dans les ports de l'Egypte et de la Syrie.
1345	Première mention de la poudre à canon en France.
1346	Bataille de Crécy.
1348	La ville d'Avignon est vendue au pape par la reine Jeanne I de Naples.
1349	Humbert II, dernier dauphin de Viennois, transmet le Dauphiné à la France.
——	Grande peste répandue par toute l'Europe; persécution des juifs.
——	Érection du duché de Mecklenbourg.
1355	Extinction des anciens ducs de Brabant, de la ligne directe.
1356	Bulle d'or de l'empereur Charles IV.
1360	Prise d'Andrinople par *Amurath I;* les Turcs établis en Europe.
1362	Jean Wiclef s'érige en réformateur en Angleterre.
1363	Philippe-le-Hardi, tige des nouveaux ducs de Bourgogne.
1368	Destruction de l'empire des Mongols à la Chine.
1369	Timour, dit Tamerlan, nouveau conquérant des Mongols.
1370	État florissant de la ligue hanséatique.
——	Fin des rois Piasts de Pologne avec Casimir-le-Grand; limitation du pouvoir royal en Pologne.
1371	Avénement des Stuarts au trône d'Écosse.
1373	Le margraviat de Brandebourg passe de la maison de Bavière dans celle de Luxembourg.
1378	Grand schisme d'Occident.

1380	Défaite des Génois à Chiozza ; décadence de Gênes.
——	Union du Danemarck et de la Norwège.
——	Adoption de Louis I d'Anjou par la reine Jeanne I de Naples.
——	Victoire du Tanaïs remportée sur les Tatars du Kaptschak par Dimitry Iwanowitsch Donskoi.
1385	14 août. Bataille d'Aljubarotta gagnée par les Portugais sur les Castillans.
——	*Jean I*, dit *le Bâtard*, monte au trône de Portugal.
1386	Jagellon, grand-duc de Lithuanie, élu roi de Pologne sous le nom d'*Uladislas V*; introduction du christianisme en Lithuanie.
1390	Fabrique de papier de linge établie à Nuremberg.
1395	Erection du duché de Milan en faveur des Visconti.
1396	Bataille de Nicopolis par *Bajazeth I*; les Turcs maîtres de la Bulgarie.
1397	Union de Calmar des trois royaumes du nord par la reine *Marguerite*.
1399	Avénement de la Rose rouge en Angleterre ; *Henri IV*, roi d'Angleterre.
1400	Jean Huss, disciple de Wiclef, s'érige en réformateur en Bohême.
1402	Bataille d'Ancyre ; défaite de Bajazeth I par Timour ; anarchie des Turcs.
1404	L'ordre Teutonique acquiert la Samogitie ; grandeur de l'ordre.
——	Origine des diètes et diétines de Pologne.
1406	Pise passe sous la domination de la république de Florence.
1407	Institution de la banque de S. Georges de Gênes.
1409	Concile de Pise ; trois papes.
1412	*Eric-le-Poméranien*, roi de l'union du Nord.
——	Le royaume de Sicile, possédé long-temps par une branche cadette d'Aragon, est réuni à ce dernier royaume.
1414	Concile de Constance convoqué pour l'extinction du grand schisme et la limitation du pouvoir sacerdotal.
1415	Prise de Ceuta par Jean I, roi de Portugal ; commencement de la navigation des Portugais.
——	Bataille d'Azincourt.

1415	Jean Huss, brûlé à Constance.
——	Les Autrichiens dépouillés de leurs possessions dans la Suisse.
1416	Erection du duché de Savoie ; *Amédée VIII.*
1417	Fin du grand schisme d'Occident ; élection de Martin V.
——	L'électorat de Brandebourg conféré à *Frédéric de Hohenzollern,* bourggrave de Nuremberg, tige de la maison actuelle de Brandebourg.
——	Première mention des Bohémiens ou Zingars, en Europe.
1418	Guerre des Hussites.
1420	Découverte de l'île de Madère par les Portugais.
——	Paix de Troyes, en Champagne ; le trône de France est assuré au roi d'Angleterre, à l'exclusion du dauphin.
1422	Mort de Henri V, roi d'Angleterre, et de Charles VI, roi de France.
——	*Henri VI,* roi d'Angleterre, est proclamé roi de France.
——	*Charles VII,* roi de France.
1423	La maison de Misnie remplace la maison ascanienne dans l'électorat de Saxe ; *Frédéric I,* électeur, tige de la maison actuelle de Saxe.
——	Adoption de Louis III d'Anjou, par la reine Jeanne II, de Naples.
1429	Apparition de la Pucelle d'Orléans ; sacre du roi Charles VII à Reims.
1430	Philippe-le-Bon, duc de Bourgogne, acquiert le Brabant ; grandeur des ducs de Bourgogne.
——	Lucques reprend son état républicain.
1431	Concile de Bâle.
1432	Découverte des îles Açores par les Portugais.
——	*Edouard,* roi de Portugal.
1434	*Uladislas VI,* roi de Pologne.
1435	Mort de Jeanne II, dernière reine de Naples de la maison d'Anjou.
——	21 sept. Paix d'Arras, de Charles VII, avec le duc de Bourgogne ; décadence du parti anglois en France.
1436	Invention de la mobilité des caractères d'impri-

	merie, à Strasbourg, par Jean Gutemberg, de Mayence.
1437	Dissolution du concile de Bâle par le pape Eugène IV.
1438	Avénement de la maison de Habsbourg-Autriche au trône de l'Empire; *Albert II*, empereur.
——	Pragmatique sanction de Bourges.
——	*Alphonse V*, dit l'*Africain*, roi de Portugal.
1439	Déposition d'Eugène IV; schisme de Bâle.
——	Concile de Florence; union momentanée des Grecs et des Latins.
——	Pragmatique sanction de Mayence.
——	Éric-le-Poméranien, roi de l'union du Nord, est déposé.
1440	*Frédéric III*, empereur d'Allemagne.
——	*Christophe-le-Bavarois*, roi de l'union du Nord.
1443	*Alphonse V*, roi d'Aragon, s'empare du royaume de Naples.
——	Scanderbeg, ou George Castriota, vainqueur des Turcs.
1444	Bataille de Varna par *Amurat II*.
1445	Etablissement de la milice perpétuelle en France, sous Charles VII.
——	*Casimir IV*, roi de Pologne.
1447	Avénement des Sforces au duché de Milan.
——	Concordat romain entre les Allemands et le pape Eugène IV.
1448	Election de *Christian I*, comte d'Oldenbourg, par les Danois; avénement de la maison d'Oldenbourg au trône de Danemarck et de Norwège.
——	Charles Cnutson est élu roi de Suède, sous le nom de *Charles VIII*.
——	Concordat de Vienne entre l'empereur Frédéric III et le pape Nicolas V.
1449	Fin du schisme de Bâle.
1451	*Mahomet II*, sultan des Turcs-Ottomans.
1452	Guerre civile d'Angleterre entre les deux Roses.
——	Erection du duché de Modène.
——	Invention de la fonte des caractères d'imprimerie, attribuée à Pierre Schœffer.
1453	Expulsion des Anglois de toute la France, à l'exception de Calais.

1453	29 mai. Prise de la ville de Constantinople par Mahomet II; fin de l'empire grec oriental.
1457	*Christian I*, roi de Danemarck, devient roi de l'union du Nord.
1458	*Mathias Corvin*, roi de Hongrie.
——	*Jean II*, roi d'Aragon et de Sicile.
——	*Ferdinand I*, fils naturel d'Alphonse V, roi d'Aragon, fonde une branche particulière de rois de Naples.
1459	Le Sleswick et le Holstein passent à la maison d'Oldenbourg.
1460	Découverte des îles du cap Verd par les Portugais.
——	*Jacques III* Stuart, roi d'Écosse.
1461	*Louis XI*, roi de France.
——	*Edouard IV*, roi d'Angleterre; avénement de la Rose blanche.
——	Fin de l'empire de Trébisonde.
1462	*Iwan III Wasiliéwitsch*, grand-duc de Russie.
1464	Gênes passe sous la domination des ducs de Milan.
——	Premier établissement des postes et courriers, par Louis XI, roi de France.
1466	16 oct. Paix de Thorn; la Prusse partagée entre la Pologne et l'ordre Teutonique; le siége de l'ordre transféré à Kœnigsberg.
1474	*Ferdinand*, dit *le Catholique*, prince d'Aragon, devient roi de Castille, par suite de son mariage avec Isabelle, héritière de ce royaume.
——	11 juin. Traité de Senlis; les Autrichiens renoncent à leurs prétentions sur la Suisse.
1476	Batailles de Granson et de Morat; époque glorieuse des Suisses.
1477	Charles-le-Téméraire, dernier duc de Bourgogne, tué à la bataille de Nancy; Marie, sa fille et héritière, épouse Maximilien d'Autriche; origine de la rivalité entre la France et l'Autriche.
1478	Introduction de l'inquisition en Espagne par Ferdinand-le-Catholique.
1479	Ferdinand, roi de Castille, hérite du royaume d'Aragon; origine de la grandeur de l'Espagne.
1481	*Bajazeth II*, empereur des Turcs.
——	*Jean II*, roi de Portugal.
——	Destruction de la horde du Kaptschack par les

	Russes et les Tatars Nogajens; grandeur naissante de la Russie.
1481	La Provence transmise à Louis XI par Charles IV d'Anjou, comte du Maine.
1482	Le système féodal réprimé en Portugal par le roi Jean II.
1483	*Edouard V*, roi d'Angleterre.
——	*Charles VIII*, roi de France.
——	*Richard III*, roi d'Angleterre.
——	*Jean*, roi de Danemarck, élu roi de l'union du Nord.
1485	Bataille de Bosworth; défaite du roi Richard III; réunion des deux Roses en Angleterre, par *Henri VII*; avénement de la maison de Tudor.
1486	Découverte du cap de Bonne-Espérance par Barthélemy Diaz, amiral portugais.
1487	L'île de Chypre est cédée aux Vénitiens par Catherine Cornaro, dernière reine de l'île.
1490	*Uladislas de Pologne*, roi de Bohême, est élu roi de Hongrie.
1492	Conquête du royaume de Grenade par Ferdinand-le-Catholique; fin de la domination des Maures en Espagne.
——	Découverte des Antilles, par Christophe Colomb.
——	*Jean-Albert*, roi de Pologne.
1493	Bulle du pape Alexandre VI pour le partage des découvertes maritimes entre l'Espagne et le Portugal.
——	*Maximilien 1*, empereur d'Allemagne.
1494	*Alphonse II*, roi de Naples.
——	Expédition de Charles VIII, roi de France, pour la conquête du royaume de Naples.
1495	Diète de Worms; paix publique perpétuelle établie en Empire; érection de la chambre impériale par l'empereur Maximilien I.
——	*Emanuel*, dit *le Fortuné*, roi de Portugal.
——	*Ferdinand II*, roi de Naples.
1496	Mariage de l'archiduc Philippe avec Jeanne-la-Folle, fille de Ferdinand-le-Catholique.
——	*Frédéric II*, roi de Naples.
1498	*Louis XII*, roi de France.
——	Les Portugais abordent à Calicut sous la conduite de Vasquez de Gama; nouvelle route

	maritime aux Indes; décadence de la république de Venise.
1498	Découverte de la Terre-Ferme d'Amérique par Christophe Colomb.
1499	22 sept. Paix de Bâle : les Suisses maintiennent leur indépendance de l'empire germanique.
1500	Découverte du Brésil par les Portugais.
1501	*Alexandre*, roi de Pologne.
——	Frédéric II, roi de Naples, est dépouillé de son royaume par les forces réunies de Louis XII et de Ferdinand-le-Catholique.
1504	Ferdinand-le-Catholique chasse les François du royaume de Naples; ce royaume est incorporé à la monarchie aragonoise.
1505	*Philippe I* d'Autriche, roi de Castille.
——	*Wasily Iwanowitsch*, tzar de Russie.
1506	*Sigismond I*, roi de Pologne.
1508	Ligue de Cambray des puissances d'Italie contre les Vénitiens.
——	Maximilien I prend le titre d'empereur élu.
1509	*Henri VIII*, roi d'Angleterre.
1511	Prise de Goa par Alphonse d'Albuquerque.
1512	Jean d'Albret est dépouillé du royaume de Navarre par Ferdinand-le-Catholique.
——	Diète de Cologne : établissement du conseil aulique; division de l'Empire en dix cercles.
——	*Sélim I*, empereur des Turcs.
1513	*Christian II*, roi de Danemarck et de Norwège.
——	La Suisse formée en treize cantons; le système fédératif des Suisses est consolidé.
1515	*François I*, roi de France.
——	Bataille de Marignan; défaite des Suisses par le roi de France.
1516	*Charles I* d'Autriche succède à Ferdinand-le-Catholique dans la monarchie espagnole.
——	*Louis II*, roi de Hongrie et de Bohême.
——	29 nov. Paix perpétuelle de Fribourg entre la France et la Suisse.
1517	Luther et Zwingle s'érigent en réformateurs; origine de la révolution religieuse.
——	Sélim I, empereur des Turcs, renverse la domination des Mamelucks en Egypte et en Syrie.

1517	Invention des pistolets et des fusils à ressorts.
1519	Election de l'empereur *Charles - Quint ;* origine des capitulations en Empire.
——	Premier voyage autour du monde par Ferdinand Magellan.
1520	*Soliman II, dit le Grand,* empereur des Turcs.
——	Schisme de Luther.
——	*Christian II,* roi de l'union du nord : massacre de Stockholm ordonné par ce prince ; Gustave Wasa se met à la tête des Dalécarliens.
1521	Ferdinand d'Autriche, frère de Charles - Quint, épouse Anne de Hongrie et de Bohême ; origine des deux branches de la maison d'Autriche.
——	Alliance de Lucerne entre la France et la Suisse.
——	Prise de Belgrade par Soliman-le-Grand.
——	Conquête du Mexique par Ferdinand Cortez.
——	L'ordre de Livonie rachète son indépendance de l'ordre Teutonique.
——	*Jean III,* roi de Portugal.
1522	Les chevaliers de S. Jean dépouillés de l'île de Rhodes par Soliman-le-Grand.
1523	Détrônement de Christian II par les Danois et les Suédois.
——	*Frédéric I,* roi de Danemarck et de Norwège.
——	*Gustave Wasa,* roi de Suède ; fin de l'union de Calmar.
1525	Bataille de Pavie ; François I prisonnier.
——	3 avril. Paix de Cracovie : la Prusse teutonique érigée en duché et fief héréditaire de la Pologne en faveur d'Albert de Brandebourg ; le luthéranisme établi dans la Prusse ; le siége de l'ordre Teutonique transféré en Allemagne.
——	Guerre des paysans.
1526	29 août. Bataille de Mohacz ; mort de Louis, roi de Hongrie et de Bohême ; ces royaumes passent à *Ferdinand d'Autriche.*
——	Charles-Quint épouse Isabelle de Portugal, mère de Philippe II.
1527	Introduction du luthéranisme en Suède et en Danemarck.
1528	André Doria rétablit la république de Gênes.
1529	Premier siége de Vienne par les Turcs.

1529	Diète de Spire; origine du nom des protestans.
——	La Moldavie et la Walachie passent sous la domination des Ottomans.
1530	Couronnement d'Italie et de Rome administré à Charles - Quint à Bologne par le pape Clément VII.
——	Donation de l'île de Malte, faite aux chevaliers de S. Jean de Jérusalem par l'empereur Charles-Quint.
——	Diète d'Augsbourg; confession de foi des princes protestans présentée à l'empereur.
——	Prise de Florence par les impériaux; fin de la république de Florence; Alexandre de Médicis, premier duc de Florence.
——	Les marggraves de Mantoue créés ducs par l'empereur Charles-Quint.
1532	Divorce du roi Henri VIII avec Catherine d'Aragon; origine de la réformation d'Angleterre.
——	Jean Calvin se fait connoître à Paris.
1533	*Iwan IV Wasiliéwitsch*, tzar de Russie.
——	Conquête du Pérou par François Pizarro.
1534	*Christian III*, roi de Danemarck et de Norwège.
1535	Extinction des Sforces; le duché de Milan passe à l'Espagne.
——	Révolution de Genève; introduction de la démocratie et du calvinisme.
1536	Conquête du pays de Vaud par les Bernois.
1538	Traité entre Ferdinand d'Autriche et Jean de Zapolya, son concurrent au trône de Hongrie.
1540.	L'ordre des jésuites est confirmé par le pape Paul III.
1541	Bude, capitale de Hongrie, tombe au pouvoir des Turcs.
1542	*Marie Stuart*, reine d'Écosse.
——	L'Irlande est érigée en royaume.
1544	Union héréditaire des états de Suède à Westerås en faveur des descendans mâles de Gustave Wasa.
——	9 août. Traité de partage des duchés de Sleswick et de Holstein, entre le roi Christian III et le duc Adolphe, son frère, fondateur de la branche de Holstein-Gottorp.

1544	18 sept. Paix de Crépy entre François I et Charles-Quint : les François renoncent à l'Italie ; prépondérance des Espagnols dans ce royaume.
1545	Pierre Aloyse Farnèse créé duc de Parme et de Plaisance par le pape Paul III.
——	Concile de Trente.
1546	Guerre de Smalkalde.
1547	24 avril. Bataille de Mühlberg.
——	*Henri II*, roi de France.
——	*Edouard VI*, roi d'Angleterre.
1548	Diète d'Augsbourg : Charles - Quint s'érige en dictateur ; l'*Interim* est publié ; les Pays-Bas sont mis sous la protection de l'Empire sous la dénomination de cercle de Bourgogne : la branche Albertine de Saxe est investie de la dignité électorale.
——	*Sigismond II Auguste*, roi de Pologne.
1552	15 janv. Traité d'alliance de Chambord ; guerre de Maurice, électeur de Saxe, contre Charles-Quint ; Henri II, roi de France, allié de Maurice, prend Metz, Toul et Verdun.
——	12 août. Transaction de Passau.
1553	*Marie*, reine d'Angleterre.
——	Découverte de la route maritime d'Archangel par Richard Chanceller.
1554	Kasan et Astracan réduites par le tzar Iwan IV Wasiliéwitsch.
1555	25 sept. Paix de religion d'Augsbourg : la liberté germanique et la religion protestante maintenues contre Charles-Quint.
1556	*Philippe II*, roi d'Espagne.
1557	Siène réunie à la Toscane par la maison de Médicis.
——	*Sébastien*, roi de Portugal.
1558	Prise de Calais sur les Anglois par le duc de Guise.
——	Invasion du tzar Iwan IV Wasiliéwitsch dans la Livonie ; premier choc entre les puissances du nord.
——	*Élisabeth*, reine d'Angleterre.
——	*Ferdinand I*, empereur d'Allemagne.
1559	Introduction de la haute-église en Angleterre.
——	*François II*, roi de France.

1559	*Frédéric II*, roi de Danemarck et de Norwège.
1560	Introduction du presbytérianisme en Ecosse.
——	Conjuration d'Amboise ; commencement des troubles de religion en France.
——	Plante du tabac apportée en France par Jean Nicot, ambassadeur de France en Portugal.
——	*Eric XIV Wasa*, roi de Suède.
— —	*Charles IX*, roi de France.
1561	28 nov. Traité de Wilna : la Livonie cédée à la Pologne par l'ordre des chevaliers Porte-glaive ; Gotthard Kettler, dernier grand-maître, créé duc héréditaire de Courlande : la Russie, la Suède, le Danemarck et la Pologne se contestent la Livonie.
1563	Fin du concile de Trente.
1564	*Maximilien II*, empereur d'Allemagne.
1566	*Sélim II*, empereur des Turcs.
——	5 avril. Compromis de Bréda ; origine des troubles des Pays-Bas.
1568	Détrônement d'Eric XIV, roi de Suède.
——	*Jean III*, roi de Suède.
1569	La Toscane érigée en grand-duché en faveur de la maison de Médicis.
——	Union de la Lithuanie et de la Pologne, consommée par le roi Sigismond II Auguste.
1570	13 déc. Paix de Stettin : le Danemarck abandonne ses prétentions sur la Suède.
1571	Conquête de l'île de Chypre par Sélim II.
——	Défaite de la flotte turque à Lépante.
1572	Surprise de Briel par les insurgés des Pays-Bas ; union de Dordrecht.
——	Extinction des rois Jagellons de Pologne avec Sigismond II Auguste ; la couronne de Pologne devient purement élective ; origine des *pacta conventa*.
——	Massacre de la St.-Barthélemy sous le roi Charles IX.
1573	*Henri de Valois*, élu roi de Pologne.
1574	*Amurath III*, empereur des Turcs.
——	*Henri III*, roi de France.
1575	*Etienne Bathori*, roi de Pologne.
1576	Origine de la ligue catholique en France.
——	*Rodolphe II*, empereur d'Allemagne.

1576	Pacification de Gand des états des Pays-Bas.
1578	Bataille d'Alcaçar en Afrique ; mort de Sébastien, roi de Portugal.
——	*Henri-le-Cardinal*, roi de Portugal.
1579	29 janvier. Traité d'union d'Utrecht ; base du système fédératif des provinces-unies des Pays-Bas.
1580	Mort de Henri-le-Cardinal, roi de Portugal ; ce royaume passe sous la domination de Philippe II, roi d'Espagne.
1581	Découverte et conquête de la Sibérie occidentale par Jermack, chef des Cosaques.
——	Déclaration d'indépendance des provinces-unies des Pays-Bas.
1582	15 janv. Paix de Kiewerowa-Horca : les Russes renoncent à la Livonie en faveur de la Pologne.
——	Introduction du calendrier Grégorien.
1584	Premiers établissemens des Anglois dans l'Amérique septentrionale.
——	*Féodor Iwanowitsch*, tzar de Russie.
——	Institution de la banque de Venise
——	Assassinat de *Guillaume I*, prince d'Orange, stadhouder des Provinces-Unies.
——	*Maurice*, prince d'Orange, parvient au stadhoudérat.
1585	Prise de la ville d'Anvers par le duc de Parme ; accroissement de la ville d'Amsterdam.
1587	Construction de la ville de Tobolsk en Sibérie par les Russes.
——	Marie Stuart, reine d'Ecosse, décapitée.
——	*Sigismond III Wasa*, roi de Pologne.
1588	*Christian IV*, roi de Danemarck et de Norwège.
——	Défaite de la flotte invincible de Philippe II ; décadence de la monarchie espagnole.
1589	Assassinat de Henri III ; extinction des Valois.
——	*Henri IV*, tige de la maison de Bourbon, monte au trône de France.
1592	Sigismond Wasa, roi de Pologne, réunit le royaume de Suède.
1595	*Mahomet III*, empereur des Turcs.
——	18 mai. Paix de Teussin ; les Russes renoncent à l'Estonie en faveur de la Suède.

1595	Commencement de la navigation aux Indes des confédérés des Pays-Bas.
1598	7 janv. Mort de Féodor Iwanowitsch, dernier tzar de la race régnante de Ruric. — *Boris Godunow*, tzar de Russie ; origine des troubles des faux Démétrius.
——	13 avril. Edit de Nantes ; les protestans de France obtiennent le libre exercice de leur culte.
——	2 mai. Paix de Vervins entre la France et l'Espagne.
——	13 sept. Mort de Philippe II.
——	*Philippe III*, roi d'Espagne et de Portugal.
1600	Déposition du roi Sigismond par les Suédois.
——	*Charles IX*, roi de Suède.
——	Guerre entre la Suède et la Pologne pour la Livonie.
——	Origine de la compagnie angloise des Indes orientales.
1601	17 janv. Paix de Lyon entre la France et le duc de Savoie : le marquisat de Saluces échangé par la France contre les pays de Bresse, Bugey, Gex et Valromey.
1602	Origine de la compagnie hollandoise des Indes orientales.
1603	*Achmet I*, empereur des Turcs.
——	3 avril. Mort de la reine Elisabeth d'Angleterre ; avénement de la maison de Stuart.
——	*Jacques I*, roi de la Grande-Bretagne.
1604	Conquête des îles moluques par les Hollandois.
1605	*Féodor Borissowitsch*, tzar de Russie.
1606	*Wasili Iwanowitsch Schuiskoi*, tzar de Russie.
——	23 juill. Pacification de Vienne concernant les troubles de Hongrie.
1608	Fondation de Québec par les François.
1609	25 mars. Ouverture de la succession de Juliers.
——	9 avril. Trêve d'Anvers entre les Espagnols et les confédérés des Pays-Bas.
——	Union évangélique de Hall ; ligue catholique de Wurzbourg.
——	Fondation de la banque d'Amsterdam.
1610	Expulsion des Maures ou Morisques de l'Espagne.
——	14 mai. Assassinat de Henri IV.

1610	*Louis XIII*, roi de France.
1611	*Gustave-Adolphe*, roi de Suède.
1612	*Mathias*, empereur d'Allemagne.
1613	20 janv. Paix de Siorod entre le Danemarck et la Suède : la Laponie jusqu'à Waranger et Wardehus, cédée au Danemarck.
———	21 fév. Avénement de la maison de Romanow au trône de Russie.
———	*Michel Fedrowitsch Romanow* élu tzar.
1617	*Mustapha I*, empereur des Turcs.
———	27 févr. Paix de Stolbova entre la Suède et la Russie : cession de l'Ingrie et de Kexholm à la Suède.
1618	*Ottoman II*, empereur des Turcs.
———	Troubles de Bohême ; commencement de la guerre de trente ans.
———	8 août. Le duché de Prusse dévolu à la branche électorale de Brandebourg.
1619	28 août. *Ferdinand II* élu empereur d'Allemagne.
———	5 sep. *Frédéric V*, électeur palatin, élu roi de Bohême.
———	Fondation de Batavia dans l'île de Java par les Hollandois.
———	Établissement de la banque de Hambourg.
1620	Cession de Tranquebar, sur la côte de Coromandel, à la compagnie danoise des Indes orientales.
———	8 nov. Bataille de Prague ; défaite de Frédéric-le-Palatin.
1621	*Philippe IV*, roi d'Espagne et de Portugal.
———	Guerre des Pays-Bas renouvelée.
1623	*Amurath IV*, empereur des Turcs.
1625	*Charles I*, roi de la Grande-Bretagne.
———	*Henri-Frédéric*, prince d'Orange, stadhouder.
———	Période danoise de la guerre de trente ans.
1626	27 août. Bataille de Lutter ; défaite de Christian IV, roi de Danemarck, par Tilly.
1627	Nouvelle constitution de la Bohême et de la Moravie ; proscription des protestans.
1628	Prise de la Rochelle par le cardinal de Richelieu.
———	Acte appelé *pétition des droits*, accordé par Charles I, roi de la Grande-Bretagne.

1629	22 mai. Paix de Lubeck entre Christian IV, roi de Danemarck, et l'empereur Ferdinand II.
——	25 sept. Trève d'Altmarck entre la Suède et la Pologne ; Gustave - Adolphe conserve la Livonie.
1630	Période suédoise de la guerre de trente ans ; Gustave-Adolphe entre en Empire.
——	13 octob. Paix de Ratisbonne entre Louis XIII et Ferdinand II, touchant la succession de Mantoue.
1631	7 sept. Bataille de Leipsic par Gustave-Adolphe.
1632	6 nov. Bataille de Lützen ; mort de Gustave-Adolphe.
——	*Christine*, reine de Suède.
——	13 nov. *Uladislas VII*, élu roi de Pologne.
1634	15 juin. Paix de Wiazma entre les Russes et les Polonois : cession de Smolensko, de Tschernigow et de Nowgorod-Sewerskoi à la Pologne.
——	7 sept. Défaite des Suédois à Nordlingue.
1635	Fondation de l'académie françoise.
——	30 mai. Paix de Prague entre l'empereur Ferdinand II et l'électeur de Saxe; cession de la Lusace à l'électeur.
——	La France prend part à la guerre de trente ans.
——	Naissance de la colonie françoise de la Martinique.
——	25 sep. Trève de vingt-six ans conclue à Stumsdorf entre la Suède et la Pologne.
1637	15 févr. *Ferdinand III*, empereur d'Allemagne.
——	10 mars. Mort de Bogislas XIV, dernier duc de Poméranie.
1639	*Ibrahim*, empereur des Turcs.
1640	1 déc. Révolution du Portugal ; les Portugais secouent le joug des Espagnols.
——	*Jean IV* de la maison de Bragance, roi de Portugal.
1641	25 déc. Préliminaires de Hambourg.
1642	Guerre civile d'Angleterre entre le roi et le parlement.
——	4 déc. Mort du cardinal de Richelieu.
1643	14 mai. *Louis XIV*, roi de France.
——	Guerre entre la Suède et le Danemarck.

1645	13 juillet. *Alexis Michaïlowitsch*, tzar de Russie.
——	23 août. Paix de Bremsebro entre la Suède et le Danemarck : l'immunité du Sund et les provinces de Jempteland, Herdalen, Oesel et Gothland assurées à la Suède.
——	16 sept. Pacification de Lintz : les protestans de Hongrie obtiennent le libre exercice de leur culte.
1647	*Guillaume II*, prince d'Orange, stadhouder.
1648	30 janv. Paix particulière de Munster entre les confédérés des Pays-Bas et les Espagnols : la souveraineté des Provinces-Unies reconnue par l'Espagne.
——	24 oct. Paix de Westphalie signée à Munster et à Osnabruck : affermissement de la liberté germanique et du système d'équilibre continental ; l'indépendance des Suisses reconnue par l'Empire ; cession de l'Alsace et de la souveraineté des trois évêchés de Lorraine à la France ; cession d'une partie de la Poméranie, de l'île de Rügen, de Wismar, Bremen et Verden à la Suède.
——	19 nov. *Frédéric III*, élu roi de Danemarck et de Norwège.
——	20 nov. *Jean-Casimir* proclamé roi de Pologne.
1649	9 fév. Charles I, roi de la Grande-Bretagne, décapité ; la royauté abolie en Angleterre.
——	*Mahomet IV*, empereur des Turcs.
1651	Acte de navigation publié par Cromwel.
——	15 mai. Cession de la ville impériale de Besançon, faite au roi d'Espagne, en échange de la ville de Frankenthal.
1652	Origine du *liberum veto* de Pologne.
1653	Protectorat d'*Olivier Cromwel*.
1654	6 janv. Les Cosaques de l'Ukraine se soumettent à la Russie.
——	5 avril. Paix de Westminster entre l'Angleterre et la Hollande ; acte secret contre le stadhoudérat.
——	16 juin. Abdication de la reine Christine de Suède.
——	*Charles X*, de la maison de Deux-Ponts, roi de Suède.

1655	mai. La Jamaïque conquise par les Anglois sur les Espagnols.
——	Charles X, roi de Suède, envahit la Pologne ; guerre générale du nord.
——	Premier usage du café en France.
1656	$\frac{28}{30}$ juill. Batailles de Varsovie par le roi de Suède.
——	6 nov. *Alphonse VI*, roi de Portugal.
1657	19 sept. Traité de Wélau : la Prusse ducale déclarée souveraineté libre et indépendante.
1658	26 fév. Paix de Roschild entre la Suède et le Danemarck : cession de la Scanie, de la Bleckingie et de Bahus à la Suède.
——	18 juill. *Léopold I*, empereur d'Allemagne.
——	Siége de Copenhague par le roi de Suède.
——	13 sep. Mort d'Olivier Cromwel; *Richard Cromwel*, protecteur.
1659	21 mai. Traité de la Haye entre la France, l'Angleterre et la Hollande pour le maintien de l'équilibre du nord.
——	29 oct. Combat naval du Sund entre les flottes suédoise et hollandoise.
——	7 nov. Paix des Pyrénées entre la France et l'Espagne : cession de l'Artois et du Roussillon, d'une partie de la Flandre, du Hainaut et du Luxembourg à la France.
1660	23 fév. Mort de Charles X.
——	*Charles XI*, roi de Suède.
——	3 mai. Paix d'Oliva entre la Suède et la Pologne : cession de la Livonie à la Suède.
——	8 mai. Rappel des Stuarts en Angleterre ;
——	*Charles II* proclamé à Londres.
——	27 mai. Paix de Copenhague, confirmative de celle de Roschild ; la souveraineté du Sleswick assurée au duc de Holstein-Gottorp.
——	octob. Révolution du Danemarck ; la succession héréditaire et le pouvoir absolu déférés au roi Frédéric III.
1661	21 juin. Paix de Kardis entre la Russie et la Suède.
1663	20 janv. Ouverture de la diète permanente de Ratisbonne.
——	Fondation de l'académie des inscriptions et belles-lettres de Paris.

1663	Confirmation de la société royale de Londres.
1664	3 août. Bataille de Saint-Gotthard.
——	16 sep. Paix de Temeswar entre l'empereur et les Turcs.
1665	17 sept. *Charles II*, roi d'Espagne.
——	14 nov. Loi royale de Danemarck.
1666	Fondation de l'académie des sciences de Paris.
——	Thé apporté pour la première fois en Angleterre.
——	9 sept. Traité définitif de Clèves, touchant le partage de la succession de Juliers : Clèves, Marck, etc. assurés à l'électeur de Brandebourg; Juliers, Berg, etc. au duc palatin de Neubourg.
1667	30 janv. Trève d'Andrussow entre les Russes et les Polonois : la Russie conserve Smolensko, Tschernigow, Kiovie, etc. et les Cosaques au delà du Dniéper.
——	16 mai. Guerre pour le droit de dévolution.
——	31 juill. Paix de Breda entre l'Angleterre et la Hollande.
——	23 sept. Détrônement d'Alphonse VI, roi de Portugal; *Dom Pèdre II*, son frère, devient régent.
——	21 déc. Edit perpétuel : suppression du stadhoudérat par le parti républicain de la Hollande.
1668	23 janv. Triple-alliance entre la Hollande, l'Angleterre et la Suède, pour la conservation des Pays-Bas espagnols.
——	13 fév. Paix de Lisbonne entre l'Espagne et le Portugal ; l'indépendance du Portugal maintenue.
——	2 mai. Paix d'Aix-la-Chapelle : cession de Douai, Lille, etc. à la France.
——	16 sept. Abdication de Jean-Casimir, roi de Pologne.
——	Fondation de la banque royale de Stockholm.
1669	7 mai. Paix de la Haye entre le Portugal et les états-généraux des Provinces-Unies : ces derniers conservent leurs conquêtes aux Indes.
——	19 juin. *Michel Wiesniowiezki*, élu roi de Pologne.

1669	5 sept. Conquête de l'île de Candie sur les Vénitiens par les Turcs.
1670	9 février. *Christian V*, roi de Danemarck et de Norwège.
1672	6 avril. Guerre de Louis XIV contre la Hollande.
——	juin et juill. Rétablissement du stadhoudérat en faveur de Guillaume III, prince d'Orange.
——	Guerre entre la Pologne et la Porte.
1673	6 juin. Paix de Vossem entre Louis XIV et Frédéric-Guillaume, électeur de Brandebourg.
1674	19 fév. Paix de Westminster entre l'Angleterre et la Hollande.
——	20 mai. *Jean Sobieski*, élu roi de Pologne.
——	11 août. Bataille de Senef par le prince de Condé.
——	Campagne d'hiver de Turenne en Alsace.
1675	27 juill. Turenne tué à Saspach.
1676	8 fév. *Fédor Alexiéwitsch*, tzar de Russie.
——	16 octob. Paix de Zurawno entre la Pologne et les Turcs : cession de Kaminiec et de la Podolie aux Turcs.
1677	Troubles de Hongrie ; les comtes Wesselini et Tökôli, l'un après l'autre, chefs des mécontens.
1678	11 août. Paix de Nimègue entre la France et les Provinces-Unies.
——	17 sept. Paix de Nimègue entre la France et l'Espagne : cession de la Franché-Comté et de plusieurs villes des Pays-Bas à la France.
1679	Traités de paix de Nimègue, de Zell, de St.-Germain-en-Laye, de Fontainebleau et de Lunden, entre la France, l'empereur, l'Empire et leurs alliés respectifs.
——	Acte d'*habeas corpus* passé au parlement britannique.
——	9 nov. Chambre de réunion établie à Metz.
1680	Louis XIV s'empare de la totalité de l'Alsace.
——	12 déc. Révolution de Suède ; introduction du pouvoir absolu du roi.
1681	30 sept. Strasbourg se rend, par capitulation, à la France.
1682	*Pierre I Alexiéwitsch*, et *Iwan V Alexiéwitsch*, tzars de Russie.

1683	14 juillet. Second siége de Vienne par les Turcs; grande alliance contre les Turcs.
——	12 sept. Défaite des Turcs devant Vienne par Jean Sobieski, roi de Pologne, réuni au duc Charles de Lorraine.
——	——*Dom Pédre II*, proclamé roi de Portugal à la mort d'Alphonse VI, son frère.
1684	15 août. Trêve de Ratisbonne de vingt ans entre la France, l'Espagne et l'Empire : Louis XIV conserve une partie de ses réunions.
1685	16 fév. *Jacques II*, roi de la Grande-Bretagne.
——	22 oct. Révocation de l'édit de Nantes.
1686	6 mai. Paix de Moscou entre les Russes et les Polonois : cession définitive des provinces de Smolensko, de Tschernigow, des Cosaques au-delà du Dniéper et de Kiovie, à la Russie.
——	9 juill. Ligue d'Augsbourg opposée à Louis XIV.
——	2 sept. Prise de Bude, capitale de la Hongrie, par les impériaux sur les Turcs.
1687	12 août. Défaite des Turcs à Mohacz par le duc de Lorraine.
——	31 oct. Diète de Présbourg : la couronne de Hongrie déclarée héréditaire en faveur des mâles de la maison d'Autriche.
——	nov. *Soliman III*, empereur des Turcs.
1688	10 sept. Guerre d'Allemagne ou du palatinat de Louis XIV.
——	15 novemb. Descente de Guillaume III, prince d'Orange, en Angleterre.
——	24 déc. Fuite du roi Jacques II ; révolution d'Angleterre; expulsion des Stuarts.
1689	22 fév. Guillaume III et Marie, son épouse, sont proclamés, par indivis, roi et reine de la Grande-Bretagne.
——	Pierre-le-Grand prend seul les rênes du gouvernement.
1690	1 juill. Bataille de Fleurus par Luxembourg.
——	18 août. Bataille de Staffarde par Catinat.
1691	*Achmet II*, empereur des Turcs.
——	19 août. Victoire de Salankémen sur les Turcs par le prince Louis de Bade.
1692	3 août. Bataille de Steinkerque par Luxembourg.

1692 | 19 déc. Erection d'un neuvième électorat en faveur de la maison d'Hanovre.

1693 | 29 juill. Bataille de Neerwinden ou de Landen, par Luxembourg.

—— | 4 oct. Bataille de Marsaglia par Catinat.

1694 | Etablissement de la banque royale de Londres.

—— | Acte du parlement d'Angleterre pour la liberté de la presse.

1695 | *Mustapha II*, empereur des Turcs.

1696 | 28 juill. Siége et prise d'Assow par Pierre-le-Grand; naissance de la marine russe.

—— | 29 août. Paix de Turin entre la France et le duc de Savoie : cession de Pignerol faite au duc.

1697 | 15 avril. *Charles XII*, roi de Suède.

—— | 27 juin. *Auguste II*, électeur de Saxe, élu roi de Pologne.

—— | 11 sept. Victoire de Zentha sur les Turcs par le prince Eugène.

—— | 20 sept. Paix de Ryswick entre la France, l'Angleterre, l'Espagne et la Hollande.

—— | 30 oct. Paix de Ryswick entre la France, l'empereur et l'Empire; cession de la ville de Strasbourg; cassation des réunions faites hors de l'Alsace; rétablissement du duc de Lorraine dans son duché.

1698 | 11 oct. Premier traité de partage entre la France, l'Angleterre et la Hollande : Joseph-Ferdinand, prince électoral de Bavière, déclaré héritier présomptif de la monarchie espagnole.

1699 | 26 janvier. Paix de Carlowitz entre l'empereur, les Polonois, les Vénitiens et les Turcs; cession de la Hongrie, excepté Témeswar, de la Transilvanie et de l'Esclavonie à l'empereur; cession de Kaminiec et de la Podolie aux Polonois; de la Morée aux Vénitiens.

—— | 8 fév. Mort de Joseph-Ferdinand, prince électoral de Bavière.

—— | 25 août. *Frédéric IV*, roi de Danemarck et de Norwège.

—— | nov. Alliance secrète entre le tzar de Russie, Auguste, roi de Pologne et le roi de Danemarck, dirigée contre Charles XII.

1700	13 mars. Second traité de partage signé à Londres entre la France, l'Angleterre et la Hollande : Charles, archiduc d'Autriche, déclaré héritier présomptif de la monarchie espagnole : Naples, Guipuscoa et la Lorraine adjugés au dauphin de France.
——	mars. Commencement de la grande guerre du nord contre Charles XII.
——	13 juill. Paix de Constantinople pour trente ans entre Pierre-le-Grand et les Turcs : les Russes conservent Assow, et la liberté de la mer Noire.
——	18 août. Paix de Traventhal entre la Suède et le Danemarck.
——	2 oct. Testament de Charles II, roi d'Espagne, en faveur de Philippe d'Anjou.
——	1 nov. Mort de Charles II, dernier mâle de la maison espagnole d'Autriche.
——	14 nov. *Philippe V* d'Anjou, proclamé roi d'Espagne; avénement de la maison de Bourbon au trône d'Espagne.
——	30 nov. Défaite des Russes devant Narva par Charles XII.
——	Fondation de l'académie des sciences et belles-lettres de Berlin.
1701	18 janv. Frédéric III, électeur de Brandebourg, prend la dignité royale de Prusse à Kœnigsberg, sous le nom de *Frédéric I*.
——	5 avril. Guerre pour la succession d'Espagne, commencée en Italie.
——	23 juin. Acte du parlement britannique pour assurer la succession au trône à la maison d'Hanovre.
——	18 sept. Grande alliance contre la France, signée à la Haye.
1702	19 mars. Mort de Guillaume III, roi de la Grande-Bretagne et stadhouder; nouvelle interruption du stadhoudérat des Provinces-Unies.
——	*Anne Stuart*, reine de la Grande-Bretagne.
1703	Troubles de Hongrie; François Rakoczi, chef des mécontens.

1703	27 mai. Fondation de la ville de St.-Pétersbourg ; les Russes s'ouvrent la mer Baltique.
——	sept. *Achmet III*, empereur des Turcs.
——	27 déc. Traité de commerce entre la Grande-Bretagne et le Portugal (*Methuen treaty*).
——	Fondation de la banque de Vienne.
1704	12 juill. *Stanislas Lesczinski* élu roi de Pologne par la protection de Charles XII, après la déposition d'Auguste II.
——	4 août. Prise de Gibraltar par les Anglois.
——	13 août. Bataille de Hochstett ou Blindheim par Marlborough et le prince Eugène.
1705	5 mai. *Joseph I*, empereur d'Allemagne.
——	9 oct. Prise de Barcelone par les alliés. La Catalogne et le royaume de Valence tombent au pouvoir de l'archiduc Charles, concurrent de Philippe d'Anjou.
1706	23 mai. Bataille de Ramillies par Marlborough.
——	7 sept. Bataille de Turin par le prince Eugène.
——	24 sept. Paix d'Altranstett entre Charles XII et Auguste II ; ce dernier renonce au trône de Pologne.
——	9 déc. *Jean V*, roi de Portugal.
1707	6 mars. Union de l'Angleterre et de l'Ecosse en un seul et même parlement.
——	25 avril. Bataille d'Almanza par le duc de Berwick.
——	Les principautés de Neufchâtel et de Valengin dévolues au roi de Prusse.
1708	30 juin. Proscription du duc de Mantoue ; ce duché est confisqué par l'empereur.
——	7 juill. Le duc de Savoie investi du Montferrat, des provinces d'Alexandrie et de Valence.
——	12 sept. Introduction du roi de Bohème et de l'électeur d'Hanovre dans le collége électoral.
——	9 oct. Bataille de Liesna par le tzar ; défaite du général Lœwenhaupt.
1709	8 juill. Bataille de Pultava ; défaite de Charles XII par Pierre-le-Grand ; décadence de la Suède ; élévation de la Russie.
——	31 août. *Auguste II* remonte sur le trône de Pologne ; fuite de Stanislas.
——	11 sept. Bataille de Malplaquet par Marlborough.

1709	oct. Le roi Auguste et le roi de Danemarck renouvellent leur alliance avec le tzar.
——	Invention de la porcelaine en Saxe, par Jean-Frédéric Bœttger.
1710	mars. Conférences de Gertruydenberg.
——	mai et suiv. Changement de ministère en Angleterre ; les Wighs remplacés par les Torys.
——	10 déc. Bataille de Villa-Viciosa par le duc de Vendôme.
1711	17 avril. Mort de l'empereur Joseph I.
——	29 avril. Pacification de Szathmar des troubles de Hongrie ; le prince Rakoczi se retire en Turquie.
——	21 juill. Paix de Falczi, sur le Pruth, entre les Russes et les Turcs : Pierre-le-Grand est obligé de rendre Assow et de renoncer à la mer Noire.
——	8 oct. Préliminaires de Londres entre la France et l'Angleterre.
——	12 oct. *Charles VI* élu empereur à Francfort ; nouvelle forme des capitulations impériales.
1712	16 avril. Paix de Constantinople entre les Russes et les Turcs.
——	24 juill. Bataille de Denain par Villars.
——	20 déc. Bataille de Gadebusch gagnée par le général Steenbock sur les alliés du Nord.
1713	25 fév. *Frédéric-Guillaume I*, roi de Prusse.
——	11 avril. Paix d'Utrecht entre la France, l'Espagne et la plupart des alliés : l'Espagne et la France ne seront jamais réunies ; les Pays-Bas érigés en barrière, et conférés à l'empereur avec les royaumes de Naples et de Sardaigne, le duché de Milan et les ports de Toscane ; la Sicile cédée à Victor-Amédée II, duc de Savoie ; Gibraltar et Port-Mahon réservés à l'Angleterre.
——	19 avril. Pragmatique sanction de l'empereur Charles VI, touchant la succession d'Autriche.
——	12 mai. Nouvel ordre de succession établi dans les cortez d'Espagne.
——	24 juin. Paix d'Andrinople entre les Russes et les Turcs.
——	13 juill. Paix d'Utrecht entre l'Espagne et l'Angleterre.

1713	13 août. Paix d'Utrecht entre l'Espagne et la Savoie.
——	21 déc *Victor-Amédée II*, duc de Savoie, est couronné roi de Sicile.
1714	fév. La maison de Holstein-Gottorp est dépouillée de ses états par le roi de Danemarck.
——	6 mars. Préliminaires de Rastadt entre l'empereur et la France.
——	26 juin. Paix d'Utrecht entre l'Espagne et la Hollande.
——	12 août. Mort d'Anne, reine d'Angleterre. *George I* monte au trône de la Grande-Bretagne; avénement de la maison d'Hanovre.
——	7 sept. Paix de Bade entre la France, l'empereur et l'Empire : cession de Landau à la France.
——	22 nov. Charles XII revient de la Turquie à Stralsund.
——	7 déc. La Porte déclare la guerre à la république de Venise.
1715	fév. Alliance entre le Danemarck, la Prusse, les électeurs de Saxe et de Hanovre, contre Charles XII.
——	6 fév. Paix d'Utrecht entre l'Espagne et le Portugal.
——	juin et juill. Conquête de la Morée sur les Vénitiens par les Turcs.
——	26 juin. Bremen et Verden cédés à l'électeur d'Hanovre par le roi de Danemarck.
——	1 sept. Mort de Louis XIV. *Louis XV*, roi de France.
——	15 nov. Traité de la barrière, signé à Anvers, entre l'empereur et les Provinces-Unies.
1716	13 avril. Alliance de l'empereur Charles VI avec la république de Venise contre les Turcs.
——	5 août. Victoire de Péterwaradin sur les Turcs, par le prince Eugène.
1717	4 janv. Triple-alliance de la Haye entre la France, l'Angleterre et la Hollande, contre l'Espagne.
——	16 août. Victoire de Belgrade par le prince Eugène.
——	22 août. La Sardaigne envahie par les Espagnols.
1718	21 juill. Paix de Passarowitz entre l'empereur,

les Vénitiens et les Turcs : Témeswar et Belgrade cédés à l'empereur.

1718 | 2 août. Quadruple - alliance de Londres pour la paix entre l'empereur, le roi d'Espagne et le duc de Savoie : la Sicile donnée à l'empereur ; la Sardaigne au duc de Savoie ; l'expectative du grand-duché de Toscane et des duchés de Parme et de Plaisance assurée à don Carlos, infant d'Espagne.

—— | 11 déc. Charles XII tué au siége de Friedrichshall.

1719 | 21 févr. *Ulrique-Eléonore*, sœur de Charles XII, élue reine de Suède ; révolution dans le gouvernement de Suède ; nouvelle limitation du pouvoir royal.

—— | avril. Les François et les Anglois portent la guerre en Espagne.

—— | 20 nov. Paix de Stockholm entre la Suède et le roi de la Grande-Bretagne : cession de Bremen et de Verden par la Suède.

1720 | 21 janv. Paix de Stockholm entre la Suède et le roi de Prusse : cession de Stettin et de la Poméranie entre l'Oder et la Peene au roi de Prusse.

—— | 26 janv. Acceptation de la quadruple-alliance par le roi d'Espagne.

—— | 22 mars. *Frédéric I*, époux d'Ulrique-Eléonore, élu roi de Suède.

—— | mai. Peste de Marseille.

—— | 3 juin et 3 juill. Paix de Stockholm et de Friedrichsbourg entre la Suède et le Danemarck : la Suède renonce à l'immunité du Sund et à la protection du duc de Holstein-Gottorp.

—— | 14 juin et 26 juill. Actes de garantie du Sleswick, délivrés par la France et l'Angleterre au roi de Danemarck.

—— | 8 août. *Victor-Amédée II*, duc de Savoie, est mis en possession du royaume de Sardaigne.

—— | 16 nov. Paix de Constantinople entre les Russes et les Turcs.

1721 | 13 juin. Traités de paix et d'alliance entre l'Espagne, la Grande-Bretagne et la France.

—— | 10 sept. Paix de Nystett entre la Russie et la Suède : cession de la Livonie, de l'Ingrie et de la Carélie

	à la Russie ; la Russie, puissance dominante dans le nord.
1721	22 oct. Pierre-le-Grand prend le titre d'empereur de toutes les Russies.
——	Congrès de Cambray.
1722	16 févr. Ukase de Pierre-le-Grand, attribuant au souverain de Russie le droit de nommer son successeur.
——	juin. Diète de Presbourg : la succession au trône de Hongrie étendue aux femmes de la maison d'Autriche.
——	27 juin. Mort de Marlborough.
——	19 déc. Erection de la compagnie d'Ostende.
1724	17 janv. *Louis*, roi d'Espagne.
——	avril. Ouverture formelle du congrès de Cambray.
——	6 sept. *Philippe V* remonte sur le trône d'Espagne après la mort de son fils Louis.
1725	8 févr. Mort de Pierre-le-grand. *Catherine I*, impératrice de Russie.
——	avril. Rupture du congrès de Cambray.
——	30 avril. Paix et alliance de Vienne entre l'Espagne et l'empereur.
——	7 juin. Paix de Vienne entre l'Espagne, l'empereur et l'Empire.
——	3 sept. Alliance d'Hanovre opposée à celle de Vienne.
1726	Installation de l'académie de Saint-Pétersbourg.
——	6 août. Alliance défensive perpétuelle entre la Russie et l'Autriche.
——	11 sept. Le cardinal de Fleury, premier ministre de France.
1727	17 mai. *Pierre II Alexiéwitsch*, empereur de Russie.
——	31 mai. Préliminaires de Paris : suspension de la compagnie d'Ostende.
——	22 juin. *George II*, roi de la Grande-Bretagne.
1728	14 juin. Congrès de Soissons.
1729	mai et juin. Paix entre la Suède et le roi Auguste, comme électeur de Saxe.
——	9 nov. Paix de Séville entre l'Espagne, la France, l'Angleterre et la Hollande.
——	Soulèvement des Corses contre les Génois.

1730	31. janv. *Anne Iwanowna*, élue impératrice de Russie.
——	3 sept. Abdication de Victor-Amédée II. *Charles-Emmanuel III*, roi de Sardaigne.
——	12 oct. *Christian VI*, roi de Danemarck et de Norwége.
——	oct. *Mahmoud I*, empereur des Turcs.
1731	20 janv. Mort d'Antoine, dernier duc de Parme de la maison de Farnèse ; *don Carlos* devient duc de Parme et de Plaisance.
——	16 mars. Alliance de Vienne entre l'empereur, l'Angleterre et la Hollande ; l'empereur renonce à la compagnie d'Ostende.
1732	7 oct. Paix entre la Suède et la Pologne arrêtée à Varsovie.
1733	1 févr. Mort d'Auguste II, roi de Pologne.
——	12 sept. Élection de *Stanislas Lesczinski* au trône de Pologne.•
——	26. sept. Alliance entre la France, l'Espagne et le roi de Sardaigne en faveur de Stanislas, beau-père de Louis XV.
——	5 oct. Election d'*Auguste III*, électeur de Saxe, au trône de Pologne par la protection de la Russie.
——	10 oct. Déclaration de guerre de la France contre l'empereur Charles VI.
1734	25 mai. Bataille de Bitonto.
——	12 juin. Le maréchal de Berwick, tué au siége de Philipsbourg.
——	29 juin. Bataille de Parme.
——	19 sept. Bataille de Guastalla.
1735	Un corps russe de dix mille hommes, sous les ordres du comte de Lascy, marche sur le Rhin au secours de l'empereur.
——	3 oct. Préliminaires de Vienne entre la France et l'empereur.
1736	21 avril. Mort du prince Eugène.
——	23 avril. Guerre de la Russie contre la Porte.
——	Théodore, baron de Neuhof, roi de Corse.
——	Fondation de la banque royale de Copenhague.
1737	4 mai. Mort de Ferdinand, dernier duc de Courlande de la maison des Kettlers ; *Ernest-Jean Bieren*, duc de Courlande.

1737	9 juill. Mort de Jean-Gaston, dernier grand-duc de Toscane de la maison de Médicis; *François*, duc de Lorraine, devient grand - duc de Toscane.
——	juill. L'empereur prend part à la guerre des Russes contre les Turcs.
1738	18 nov. Paix définitive de Vienne entre la France et l'empereur : cession de la Lorraine à la France; du royaume des Deux-Siciles à don Carlos ; du grand-duché de Toscane au duc de Lorraine; de Parme et de Plaisance à l'empereur; du Novarois et du Tortonois au roi dé Sardaigne; garantie de la pragmatique sanction autrichienne par la France.
1739	3 févr. et 21 avril. Accession du roi de Sardaigne, des rois d'Espagne et de Naples, à la paix définitive de Vienne.
——	18 sept. Paix de Belgrade entre l'empereur, la Russie et les Turcs : Belgrade, la Servie et la Walachie autrichienne rendues aux Turcs; les Russes restituent leurs conquêtes et renoncent de nouveau à la mer Noire.
——	nov. Déclarations de guerre entre la Grande-Bretagne et l'Espagne, au sujet du commerce clandestin.
1740	31 mai. *Frédéric II*, roi de Prusse..
——	20 oct. Mort de l'empereur Charles VI ; fin de la descendance mâle de la maison de Habsbourg-Autriche ; avénement de *Marie-Thérèse*.
——	27 oct. Mort de l'impératrice Anne de Russie. *Iwan VI Antonowitsch*, empereur de Russie.
——	23 déc. Invasion du roi de Prusse dans la Silésie; guerre pour la succession d'Autriche.
1741	10 avril. Bataille de Molwitz par le roi de Prusse.
——	18 mai. Alliance de la France et de l'Espagne avec l'électeur de Bavière contre Marie-Thérèse.
——	4 août. La Suède déclare la guerre à la Russie.
——	6 déc. Révolution de Saint-Pétersbourg; détrônement de l'empereur Iwan VI. *Élisabeth Pétrowna*, impératrice de Russie.
1742	24 janv. *Charles VII* (électeur de Bavière) est élu empereur d'Allemagne.

1742	1 fév. Convention de Turin entre Marie-Thérèse et le roi de Sardaigne.
——	17 mai. Bataille de Czaslau par le roi de Prusse.
——	11 juin et 28 juill. Paix de Breslau et de Berlin entre la reine de Hongrie, le roi de Prusse et l'électeur de Saxe : cession de la Silésie au roi de Prusse.
——	7 nov. Charles-Pierre-Ulric, duc de Holstein-Gottorp, déclaré grand-duc de Russie et successeur au trône.
1743	29 janv. Mort du cardinal de Fleury.
——	27 juin. Bataille de Dettingen par le roi George II.
——	3 juill. Adolphe-Frédéric de Holstein-Gottorp, élu successeur au trône de Suède.
——	18 août. Paix d'Abo entre la Russie et la Suède : cession d'une partie de la Finlande à la Russie.
——	13 sept. Alliance de Worms entre Marie-Thérèse et le roi de Sardaigne.
——	Institution de la société royale des sciences de Copenhague.
1744	mars. La France déclare la guerre à Marie-Thérèse et au roi de la Grande-Bretagne.
——	22 mai. Traité d'union de Francfort ; le roi de Prusse recommence la guerre contre l'Autriche.
——	juill. Invasion des Autrichiens en Alsace.
1745	8 janv. Alliance de Varsovie entre l'Autriche, l'Angleterre, les Provinces-Unies et la Saxe.
——	20 janv. Mort de l'empereur Charles VII.
——	22 avril. Paix de Fuessen entre Marie-Thérèse et l'électeur de Bavière.
——	11 mai. Bataille de Fontenoy par le maréchal de Saxe.
——	4 juin. Bataille de Hohenfriedberg par le roi de Prusse.
——	août. Descente du prétendant en Ecosse.
——	13 sept. *François I* élu empereur d'Allemagne à Francfort ; avénement de la maison de Lorraine-Autriche au trône de l'Empire.
——	30 sept. Bataille de Sorr ou Trautenau par le roi de Prusse.
——	novemb. Invasion du roi de Prusse dans la Saxe.

1745	15 déc. Bataille de Kesselsdorf par le prince de Dessau.
——	25 déc. Paix de Dresde entre l'impératrice-reine, le roi de Prusse et l'électeur de Saxe, confirmative des traités de Breslau et de Berlin.
1746	27 avril. Défaite du prétendant à Culloden par le duc de Cumberland.
——	16 juin. Bataille de Plaisance; défaite des François et des Espaguols.
——	9 juill. *Ferdinand VI*, roi d'Espagne.
——	6 août. *Frédéric V,* roi de Danemarck et de Norwège.
——	7 sept. Les Autrichiens s'emparent de Gênes.
——	11 oct. Bataille de Raucoux par le maréchal de Saxe.
——	5 déc. Révolution de Gênes; expulsion des Autrichiens.
1747	17 avril. Invasion des François dans la Flandre hollandoise; rétablissement du stadhoudérat.
——	2 juill. Bataille de Lawfeld par le maréchal de Saxe.
——	16 sept. Prise de Berg-op-Zoom par le maréchal de Löwendal.
1748	13 avril. Siége de Mæstricht par le maréchal de Saxe.
——	30 avril. Préliminaires de paix signés à Aix-la-Chapelle.
——	juill. Arrivée d'une armée auxiliaire russe en Franconie sous les ordres du prince Repnin.
——	18 oct. Paix générale et définitive d'Aix-la-Chapelle. les duchés de Parme, de Plaisance et de Guastalle cédés à don Philippe, infant d'Espagne; cession du Pavesan et du comté d'Anghiera au roi de Sardaigne.
1750	25 avril. Traité de Copenhague entre le roi de Danemarck et le prince royal de Suède touchant l'échange du Holstein.
——	31 juill. *Joseph I,* roi de Portugal; ministère du marquis de Pombal.
——	sept. Conférences de Paris sur les limites de l'Acadie.
——	5 oct. Traité de Madrid entre l'Espagne et la Grande-Bretagne sur la traite des nègres.

1750	30 nov. Mort du maréchal de Saxe.
1751	6 avril. *Adolphe-Frédéric*, roi de Suède; avénement de la maison de Holstein-Gottorp au trône de Suède.
——	2 oct. Traité de limites entre la Suède et la Norwége, signé à Strömstad.
——	22 oct. *Guillaume V*, prince d'Orange, dernier stadhouder.
——	Fondation de la société royale des sciences de Gœttingue.
1754	déc. *Ottoman III*, empereur des Turcs.
1755	juin. Guerre entre la France et l'Angleterre.
——	1 nov. Tremblement de terre de Lisbonne.
——	Pascal Paoli, chef des mécontens de Corse.
1756	16 janv. Alliance de Westminster entre l'Angleterre et le roi de Prusse.
——	1 mai. Première alliance de Versailles entre la France et l'Autriche.
——	29 août. Invasion du roi de Prusse dans la Saxe.
——	1 oct. Bataille de Lowositz par le roi de Prusse.
1757	L'Empire, la France, la Russie, la Suède, réunis à l'Autriche et à l'électeur de Saxe contre le roi de Prusse.
——	23 mars. Prise de Chandernagor par le colonel Clive; fondation de l'empire britannique aux Indes.
——	1 mai. Deuxième alliance de Versailles entre la France et l'Autriche.
——	6 mai. Bataille de Prague par le roi de Prusse.
——	18 juill. Bataille de Kolin par le maréchal Daun.
——	26 juill. Bataille de Hastenbeck par le maréchal d'Estrées.
——	30 août. Bataille de Jægerndorf par le maréchal Apraxin.
——	8 sept. Convention de Closterseven par le maréchal de Richelieu.
——	oct. *Mustapha III*, empereur des Turcs.
——	5 nov. Bataille de Rosbach par le roi de Prusse.
——	22 nov. Bataille de Breslau par le prince de Lorraine.
——	5 déc. Bataille de Lissa par le roi de Prusse.

1758	23 juin. Bataille de Crevelt par le prince Ferdinand de Brunswick.
——	25 août. Bataille de Zorndorf par le roi de Prusse.
——	14 oct. Bataille de Hochkirchen par le maréchal Daun.
——	3o déc. Troisième alliance de Versailles entre la France et l'Autriche.
1759	13 avril. Bataille de Bergen par le maréchal de Broglie.
——	6 juill. Bataille de Zullichau par Soltikof.
——	1 août. Bataille de Minden par le prince Ferdinand.
——	10 août. Don Carlos, roi des Deux-Siciles, devient roi d'Espagne sous le nom de *Charles III*.
——	12 août. Bataille de Francfort ou de Kunnersdorf par Soltikof.
——	5 sept. Proscription des jésuites en Portugal.
——	13 sept. Victoire de St.-Charles, en Canada, par le général Wolf.
——	18 sept. Prise de Québec par les Anglois.
——	6 oct. Pragmatique de don Carlos, pour régler la succession au trône des Deux-Siciles.
——	*Ferdinand IV*, fils puîné de don Carlos, roi des Deux-Siciles.
1760	15 août. Bataille de Liegnitz par le roi de Prusse.
——	9 oct. Prise de Berlin par les Russes et les Autrichiens.
——	25 oct. *George III*, roi de la Grande-Bretagne.
——	3 nov. Bataille de Torgau par le roi de Prusse.
1761	15 août. Pacte de famille entre les différentes branches de la maison de Bourbon.
1762	janv. et mai. Rupture entre l'Angleterre, l'Espagne et le Portugal.
——	5 janv. Mort de l'impératrice Elisabeth de Russie.
——	*Pierre III*, empereur : avénement de la maison de Holstein-Gottorp au trône de Russie.
——	5 mai. Paix de Pétersbourg entre la Russie et le roi de Prusse.
——	22 mai. Paix de Hambourg entre la Suède et le roi de Prusse.
——	9 juill. Détrônement de Pierre III.
——	*Catherine II Alexiewna*, impératrice de Russie.

1762	3o août. Bataille de Johannisberg par les maréchaux d'Estrées et de Soubise.
——	29 oct. Bataille de Freyberg par le prince Henri de Prusse.
——	3 nov. Préliminaires de Fontainebleau entre la France et l'Angleterre.
——	——Traité entre la France et l'Espagne pour la cession de la Louisiane.
1763	10 fév. Paix de Paris et de Londres entre la France, l'Espagne, le Portugal et l'Angleterre : cession du Canada par la France, et de la Floride par l'Espagne.
——	15 fév. Paix de Hubertsbourg entre l'impératrice-reine, le roi de Prusse et l'électeur de Saxe.
——	10 juin. Convention entre les cours de France, d'Espagne et de Turin, touchant le Plaisantin.
——	5 oct. Mort d'Auguste III, roi de Pologne.
1764	27 mars. L'archiduc Joseph est élu *roi des Romains* à Francfort.
——	7 sept. *Stanislas Poniatowski* élu roi de Pologne.
1765	22 mars. Acte du timbre; origine des troubles de l'Amérique septentrionale.
——	18 juillet. *Ferdinand*, duc de Parme et de Plaisance.
——	18 août. *Joseph II*, empereur d'Allemagne.
——	23 août. *Léopold d'Autriche*, grand-duc de Toscane.
1766	14 janv. *Christian VII*, roi de Danemarck et de Norwège.
——	23 fév. Mort du roi Stanislas Lesczinski, duc de Lorraine.
——	oct. Diète de Varsovie; troubles des dissidens de Pologne.
1767	22 avril. Traité provisionnel d'échange signé à Copenhague entre l'impératrice de Russie et le roi de Danemarck.
1768	24 fév. Traité de Varsovie entre la Russie et la Pologne sur l'affaire des dissidens et la constitution de la république; suivi de la confédération de Bar.
——	15 mai. Traité de cession de l'île de Corse à la France par la république de Gênes.

1768	27 mai. Traité de Gottorp : reconnoissance de l'immédiateté de la ville de Hambourg par la maison de Holstein.
——	30 oct. Guerre entre la Russie et la Porte, à l'occasion des troubles de Pologne.
1770	7 juill. Destruction de la flotte turque dans le port de Tschesmé par les Russes.
1771	13 fév. *Gustave III*, roi de Suède.
——	Moscou ravagée par la peste.
1772	18 janv. Révolution de Copenhague ; chute du ministre Struensée.
——	17 fév. Convention secrète entre l'impératrice de Russie et le roi de Prusse sur le démembrement de la Pologne.
——	5 août (25 juill. v. st.). Premier traité de partage de la Pologne, signé à St.-Pétersbourg entre la Russie, la Prusse et l'Autriche : la Prusse polonoise, avec une partie de la Grande-Pologne, adjugées au roi de Prusse ; les royaumes de Galicie et de Lodomirie à l'Autriche ; la Livonie polonoise, avec une partie de la Lithuanie, à la Russie.
——	19 et 21 août. Révolution de Stockholm : nouvelle forme de gouvernement établie en Suède ; extension du pouvoir royal.
——	août et oct. Congrès infructueux de Foksany et de Boccarest entre les Russes et les Turcs.
1773	20 janv. *Victor-Amédée III*, roi de Sardaigne.
——	1 juin. Traité définitif d'échange du duché de Holstein-Gottorp contre les comtés d'Oldenbourg et de Delmenhorst, signé à Czarskoe-Selo.
——	14 juill. Cession des comtés d'Oldenbourg et de Delmenhorst faite au prince-évêque de Lubeck par le grand-duc de Russie.
——	21 juill. Suppression de l'ordre des jésuites par le pape Clément XIV.
——	1 août. Alliance perpétuelle entre la Russie et le Danemarck.
——	18 sept. Traités définitifs de Varsovie, relatifs au premier démembrement de la Pologne, entre le roi et la république de Pologne et les trois cours co-partageantes.

1773	Le Cosaque Pugatschef joue le rôle de Pierre III.
1774	21 janv. *Abdoul-Hamet*, empereur des Turcs.
——	10 mai. *Louis XVI*, roi de France.
——	21 juill. Paix de Koutschouc-Kaynardgi entre les Russes et les Turcs : les Tatars de la Crimée et du Kuban déclarés indépendans de la Porte; Assow, Kertsch, Jénikalé, Kinbourn, et le pays entre l'embouchure du Boug et du Dniéper, cédés à la Russie.
——	5 sept. Ouverture du congrès américain.
——	29 déc. Erection du duché de Holstein-Oldenbourg en faveur de la branche cadette de Holstein-Gottorp.
1775	15 fév. Élection de *Pie VI*.
——	19 avril. Commencement des hostilités entre l'Angleterre et les colonies angloises de l'Amérique septentrionale.
——	7 mai. Convention entre l'Autriche et la Porte sur la cession de la Bukowine.
——	14 août. Dissolution du corps et de la république des Cosaques Zaporogues.
——	18 nov. Nouvelle constitution des gouvernemens de Russie publiée par l'impératrice Catherine II.
1776	Le calendrier grégorien adopté par le corps évangélique.
——	4 juill. Déclaration d'indépendance des colonies de l'Amérique septentrionale.
——	4 oct. Acte de confédération et d'union perpétuelle entre les colonies américaines.
1777	24 fév. *Marie*, reine de Portugal.
——	28 mai. Alliance de cinquante ans entre la France et les treize cantons, conclue à Soleure.
——	3 juin. Traité de limites, pour l'île de Saint-Domingue, conclu entre la France et l'Espagne.
——	1 oct. Traité préliminaire de paix et de limites entre l'Espagne et le Portugal, conclu à S-.Ildefonse.
——	16 oct. Capitulation de Saratoga du gén. Bourgoyne.
——	30 déc. Mort de Maximilien-Joseph, dernier électeur de Bavière; *Charles-Théodore*, électeur palatin, lui succède.
1778	3 janv. Convention entre la cour de Vienne et l'électeur palatin sur la succession de la Bavière.

1778	6 fév. Traité d'alliance et de commerce entre la France et les treize états-unis de l'Amérique ; guerre entre la France et l'Angleterre.
——	1 mars. Traité du Pardo entre l'Espagne et le Portugal , interprétatif de celui de Saint-Ildefonse.
——	juill. Guerre , pour la succession de la Bavière , entre l'Autriche et le roi de Prusse.
——	27 juill. Combat naval d'Ouessant.
——	19 oct. Fondation de la ville de Kerson par les Russes.
1779	21 mars. Convention explicative de Constantinople entre les Russes et les Turcs.
——	13 mai. Paix de Teschen entre l'Autriche et la Prusse ; conclue sous la médiation de la France et de la Russie : l'Autriche conserve la partie de la Bavière située entre la Salza, l'Inn et le Danube.
——	juin et juillet. Les Espagnols prennent part à la guerre d'Amérique.
1780	9 juillet et 1.er août. Conventions, pour la neutralité armée, entre la Russie, la Suède et le Danemarck.
——	29 nov. Mort de l'impératrice Marie-Thérèse, reine de Hongrie et de Bohême.
——	*Joseph II*, roi de Hongrie et de Bohême.
——	20 déc. L'Angleterre déclare la guerre à la Hollande.
——	Fondation des académies des sciences de Naples et de Lisbonne.
1781	19 oct. Capitulation d'York-Town du lord Cornwallis.
1782	janv. Les Hollandois retirent leurs troupes des places de la barrière ; démolition des fortifications de ces places.
——	mars. Voyage du pape Pie VI à Vienne.
——	13 septemb. Destruction des batteries flottantes espagnoles devant Gibraltar.
——	14 sept. Traité de paix et de commerce entre l'Espagne et la Porte.
——	24 sept. L'Angleterre reconnoît l'indépendance des états-unis d'Amérique.

1782	30 nov. Préliminaires de paix signés à Paris entre les commissaires britanniques et américains.
1783	20 janv. Préliminaires de paix signés à Paris entre la France, l'Espagne et l'Angleterre.
——	23 juin. Abdication du khan de la Crimée; la Crimée passe sous la domination de la Russie avec l'île de Taman et le Kuban.
——	4 août. Le tzar Héraclius de Karduel et de Kachet fait sa soumission à la Russie.
——	2 sept. Préliminaires de paix signés à Paris entre l'Angleterre et la Hollande.
——	3 sept. Paix définitive de Versailles entre l'Angleterre, la France et l'Espagne : le port de Dunkerque rendu libre, l'île de Minorque et la Floride rétrocédées à l'Espagne.
——	—— Paix définitive de Paris entre l'Angleterre et les états-unis d'Amérique.
1784	8 janv. Convention de Constantinople entre la Russie et la Porte, confirmative de la cession de la Crimée, de l'île de Taman et de la partie du Kuban située sur la droite du fleuve de ce nom.
——	avril. Conférences de Bruxelles touchant les différends entre l'empereur et les états-généraux des Provinces-Unies.
——	20 mai. Paix définitive de Paris entre l'Angleterre et la Hollande : cession de Négapatnam à l'Angleterre.
——	1 juill. Convention provisoire de commerce entre la France et la Suède : cession faite à la Suède de l'île de Saint-Barthélemy aux Indes occidentales.
1785	23 juill. Confédération germanique, signée à Berlin, contre le projet d'échange de la Bavière.
——	sept. Le commandement de la Haye enlevé au stadhouder ; ce prince retiré dans la Gueldre ; origine des troubles de la Hollande.
——	12 oct. Abolition de la nonciature en Empire.
——	8 nov. Paix définitive de Fontainebleau entre l'empereur et les provinces-unies des Pays-Bas : la fermeture de l'Escaut maintenue.

1785	10 nov. Alliance entre la France et les provinces unies des Pays-Bas.
1786	17 août. Mort de Frédéric-le-Grand. *Frédéric-Guillaume II*, roi de Prusse.
1787	1 janv. Édit de l'empereur Joseph II sur le gouvernement général des Pays-Bas; origine des troubles des Pays-Bas.
——	11 janv. Traité de commerce entre la France et la Russie.
——	22 févr. Première assemblée des notables de France à Versailles.
——	23 mai. Entrevue de Catherine II et de Joseph II à Kerson.
——	24 août. Guerre déclarée à la Russie par la Porte; l'empereur Joseph II y prend part comme allié de la Russie.
——	17 sept. Nouvelle constitution fédérale des états-unis d'Amérique.
——	sept. Entrée des Prussiens dans la Hollande; rétablissement du stadhoudérat héréditaire.
1788	15 avril. Alliance défensive entre les Provinces-Unies, l'Angleterre et la Prusse.
——	29 juin. Suppression de la présentation de la haquenée blanche par le roi de Naples.
——	12 juill. Traité d'alliance entre la Suède et la Porte.
——	21 juill. La Suède, alliée de la Porte, attaque la Russie.
——	6 nov. Seconde assemblée des notables à Versailles.
——	13 déc. *Charles IV*, roi d'Espagne.
——	17 déc. Prise d'Oczakow par les Russes.
——	27 déc. Arrêt du conseil de Louis XVI pour la double représentation du tiers-état.
1788	3 avril. Acte de réunion et de sûreté, rédigé à la diète de Stockholm; nouvelle extension du pouvoir royal en Suède.
——	7 avril. *Sélim III*, empereur des Turcs.
——	5 mai. Ouverture des états-généraux de France à Versailles.
——	17 juin. Formation de l'assemblée nationale constituante.

1789	14 juill. Révolution de Paris; prise de la Bastille; institution des gardes nationales.
——	15 juill. Émigration de plusieurs princes et personnes marquantes de la cour de France.
——	4 août. Abolition du système féodal et de tous les priviléges en France.
——	22 sept. Bataille de Martinestie, sur les bords du Rimnick, gagnée sur les Turcs par Suwarow, réuni au prince de Cobourg.
——	5 et 6 oct. Troubles de Versailles; le roi est conduit à Paris et suivi de l'assemblée nationale.
——	8 oct. Prise de Belgrade par les Autrichiens.
——	24 oct. Insurrection des Belges; prise de Turnhout par les insurgés; les Autrichiens se retirent à Luxembourg.
——	2 nov. Les biens ecclésiastiques sont déclarés nationaux en France.
——	21 déc. Première émission d'assignats.
1790	11 janv. Confédération des provinces belgiques à Bruxelles, sous la dénomination d'états belgiques-unis.
——	31 janv. Le roi de Prusse s'allie avec la Porte contre l'Autriche et la Russie.
——	13 févr. Suppression des ordres religieux et des vœux monastiques en France.
——	20 févr. Mort de l'empereur Joseph II. *Léopold II*, roi de Hongrie et de Bohême. *Ferdinand III* d'Autriche, grand-duc de Toscane.
——	29 mars. Alliance du roi de Prusse avec le roi et la république de Pologne.
——	14 juill. Fédération générale des François.
——	24 juill. Convention préliminaire entre l'Espagne et la Grande-Bretagne, touchant les différends du Nootka-Sund.
——	27 juill. Déclarations signées à Reichenbach entre l'Autriche et la Prusse pour le rétablissement de la paix entre l'empereur et la Porte sur la base du *statu quo strict* avant la guerre.
——	14 août. Paix signée à Werela, près la rivière de Kyméné, entre la Russie et la Suède; restitution réciproque de toutes les conquêtes.
——	30 sept. *Léopold II*, élu empereur d'Allemagne.

1790	28 oct. Convention définitive entre l'Espagne et la Grande-Bretagne sur les différends du Nootka-Sund.
——	2 déc. Les Autrichiens rentrent dans Bruxelles; fin des troubles belgiques.
——	10 déc. Convention de la Haye entre l'empereur, l'Angleterre, la Prusse et la Hollande, pour la pacification des troubles des Pays-Bas, non ratifiée.
1791	3 mai. Nouvelle constitution de la Pologne.
——	15 mai. Décret de l'assemblée constituante, admettant les gens de couleur à l'égalité des droits avec les blancs; source des troubles des colonies.
——	21 juin. Fuite de Louis XVI.
——	4 août. Paix de Szistowa entre l'Autriche et la Porte, conclue sur la base du *statu quo* avant la guerre : restitution de Belgrade et de toutes les conquêtes par l'Autriche.
——	27 août. Conventions de Pilnitz entre l'Autriche, la Prusse et la Saxe, sur les affaires de France.
——	14 sept. Réunion de la ville d'Avignon et du comtat à la France.
——	— — Acceptation de la première constitution de France par Louis XVI.
——	1 oct. Ouverture de l'assemblée législative de France.
1792	9 janv. Paix de Jassy entre la Russie et la Porte : Oczakow et le pays entre le Bog et le Dniester restent à la Russie ; le Dniester est établi pour frontière entre les deux empires; restitution de toutes les autres conquêtes.
——	7 fév. Alliance défensive entre l'Autriche et la Prusse, conclue à Berlin.
——	1 mars. Mort de l'empereur Léopold II. *François II,* roi de Hongrie et de Bohême.
——	29 mars. Mort de Gustave III, roi de Suède, assassiné par Ankerstrœm. *Gustave IV,* roi de Suède.
——	20 avril. Déclaration de guerre, par la France, contre l'Autriche.
——	14 mai. Confédération de Targowice, opposée à la nouvelle constitution des Polonois, sous la protection de la Russie; une armée russe entre en Pologne.

1792	16 mai. Ordonnance du roi de Danemarck pour l'abolition de la traite des Nègres.
——	7 juill. *François II*, élu empereur d'Allemagne.
——	10 août. Nouvelle révolution de France; suspension du roi.
——	20 sept. Combat de Valmy.
——	21 sept. Ouverture de la convention nationale de France; abolition de la royauté; proclamation de la république françoise.
——	6 nov. Bataille de Jemmappe.
——	27 nov. Réunion de la Savoie, par la convention de France.
1793	21 janv. Exécution à mort de Louis XVI.
——	24 janv. Entrée des Prussiens dans la Pologne.
——	1 fév. Déclaration de guerre de la convention nationale de France contre le roi de la Grande-Bretagne et le stadhouder des Provinces-Unies.
——	7 mars. Déclaration de guerre de la France contre l'Espagne.
——	*Première coalition* entre l'Autriche, la Prusse, l'Empire, la Grande-Bretagne, la Hollande, l'Espagne, le Portugal, les Deux-Siciles, l'État ecclésiastique et le roi de Sardaigne, contre la république françoise.
——	18 mars. Bataille de Neerwinden ou Landen.
——	23 mars. Réunion de l'évêché de Bâle par la convention de France.
——	25 mars. Renouvellement du traité de commerce entre la Russie et l'Angleterre.
——	25 mars et 9 avril. Déclarations d'un nouveau démembrement de la Pologne, faites à la diète de Grodno, de la part des deux puissances co-partageantes, la Russie et la Prusse.
——	6 avril. Formation du *comité de salut public* de la convention de France
——	9 mai. Décret de la convention de France, permettant, par manière de représailles, d'arrêter et d'amener, dans les ports de la république, les navires neutres chargés de marchandises, même de comestibles, et destinés pour des ports ennemis.
——	31 mai. Proscription de plusieurs députés de la

convention, sous le nom de *Girondins* et de *Fédéralistes*; empire de la *Montagne*; commencement de la *terreur*.

1793 | 8 juin. L'Angleterre déclare tous les ports de France en état de blocus, et prononce la confiscation des bâtimens neutres qui entreprendroient d'y porter des vivres.

—— | 24 juin. Nouvel acte constitutionnel présenté au peuple françois par la convention.

—— | 13 juill. Traité de cession, signé à Grodno, entre la Russie et la Pologne, pour une partie déterminée de la Pologne.

—— | 8 sept. Bataille d'Hondscoot; défaite du duc d'York.

—— | 17 sept. Loi sur les suspects, publiée par la convention.

—— | 25 sept. Traité de cession, signé à Grodno, entre la Prusse et la Pologne, pour une partie déterminée de la Pologne : Dantzic et Thorn subissent la domination prussienne.

—— | 29 sept. Loi du *maximum*, publiée par la convention.

—— | 6 oct. Introduction de l'ère républicaine et du nouveau calendrier françois.

—— | 10 oct. Gouvernement révolutionnaire publié par la convention.

1794 | 4 fév. Abolition de l'esclavage des Nègres dans toutes les colonies françoises.

—— | 24 mars. Insurrection de Kosciuszko contre les Russes.

—— | 18 avril. Bataille d'Arlon par Jourdan.

—— | 18 mai. Bataille entre Menin et Courtray par Souham.

—— | 18 juin. Soumission des Corses au roi de la Grande-Bretagne.

—— | 26 juin. Bataille de Fleurus par Jourdan.

—— | 10 juill. Prise de Bruxelles par les François.

—— | 27 juill. Chute de Robespierre et de sa faction; fin de la terreur.

—— | 10. oct. Bataille de Macejowice; Kosciuszko est défait et fait prisonnier par le général russe Fersen.

—— | 4 nov. Sac de Prague, auprès de Varsovie, par Suwarow.

1794 | 19 nov. Traité de commerce et de navigation entre la Grande-Bretagne et les états-unis d'Amérique.

—— | 24 déc. Suppression du *maximum*.

1795 | 3 janv. Déclaration signée à Saint-Pétersbourg entre la Russie et l'Autriche, touchant le dernier démembrement de la Pologne, et les lots de ces deux puissances, ainsi que celui qui est réservé au roi de Prusse.

—— | Conquête des Provinces-Unies par les François.

—— | 9 fév. Traité de paix de Paris entre la république françoise et le grand-duc de Toscane.

—— | 14 mars. Défaite d'une flotte françoise dans la Méditerranée par l'amiral Hotham.

—— | 28 mars. Acte de soumission de la Courlande et de la Semigalle envers la Russie.

—— | 5 avril. Traité de paix de Bâle entre la république françoise et le roi de Prusse : évacuation des états prussiens sur la rive droite du Rhin par les François.

—— | 16 mai. Traité de paix de Paris entre la république françoise et les provinces-unies des Pays-Bas : abolition du stadhoudérat; alliance offensive et défensive perpétuelle contre l'Angleterre; cession de la Flandre hollandoise, de Maestricht, Venlo et leurs dépendances; le port de Flessingue rendu commun; la navigation du Rhin, de la Meuse, de l'Escaut et de toutes leurs branches rendue libre aux deux nations.

—— | 17 mai. Traité de Bâle entre la république françoise et le roi de Prusse, pour la neutralité d'une partie de l'Empire.

—— | 12 juin. Prise de Luxembourg.

—— | 23 juin. Défaite de la flotte de Brest par l'amiral Bridport.

—— | 22 juill. Traité de paix, conclu à Bâle, entre la république françoise et le roi d'Espagne : cession de la partie espagnole de l'île de Saint-Domingue.

—— | 22 août. Nouvel acte constitutionnel décrété par la convention de France.

1795	28 août. Paix de Bâle entre la république françoise et le landgrave de Hesse-Cassel.
——	1 oct. Réunion de la Belgique et du pays de Liége par la convention.
——	24 oct. Convention arrêtée à Saint-Pétersbourg entre l'Autriche et la Prusse, sur les limites de leurs acquisitions respectives, faites au dernier démembrement de la Pologne; fin du royaume et de la république de Pologne.
——	25 oct. Formation de l'*Institut des sciences et arts* de France.
——	26 oct. Clôture de la convention nationale.
——	28 oct. Ouverture du nouveau corps législatif de France, divisé en deux conseils; introduction de la constitution nouvellement décrétée.
——	4 nov. Installation du directoire exécutif.
——	25 nov. Stanislas Poniatowski, dernier roi de Pologne, résigne la couronne.
1796	30 mars. Napoléon Bonaparte est chargé du commandemant en chef de l'armée d'Italie.
——	12 au 15 avril. Batailles de Montenotte, de Millesimo, de Dego, par Bonaparte.
——	9 mai. Bataille de Lodi par le même.
——	15 mai. Traité de paix de Paris entre la république françoise et le roi de Sardaigne : cession de la Savoie, des comtés de Nice, de Tende et de Beuil.
——	4 juin. Bataille d'Altenkirchen par Kleber et Lefèvre.
——	24 juin. Passage du Rhin, près de Strasbourg, par l'armée de Rhin-et-Moselle.
——	28 juin au 10 juillet. Batailles de Renchen, de Rastadt, d'Ettlingen, par l'armée de Rhin-et-Moselle.
——	2 juill. Passage du Rhin, près Neuwied, par l'armée de Sambre-et-Meuse.
——	3 et 5 août. Batailles de Lonato et de Castiglione par Bonaparte.
——	5 août. Traités de Berlin entre la république françoise et le roi de Prusse, touchant une nouvelle ligne de démarcation et les indemnités.

1796	7 août. Traité de paix de Paris entre la république françoise et le duc de Wirtemberg : cession de la principauté de Montbéliard, des seigneuries d'Héricourt et de Passavant, du comté de Horbourg et des seigneuries de Riquewyr et d'Ostheim.
——	17 août. Bataille de Heidenheim par l'armée de Rhin-et-Moselle.
——	19 août. Traité d'alliance offensive et défensive perpétuelle, conclu à Saint-Ildefonse, entre la France et l'Espagne.
——	22 août. Traité de paix de Paris entre la république françoise et le margrave de Bade : cession des seigneuries de Rodemachern et de Hesperingen, du comté de Sponheim, de la seigneurie de Grevenstein, des bailliages de Beinheim et de Roth.
——	3 sept. Défaite de l'armée de Sambre-et-Meuse, près de Würzbourg, par l'archiduc Charles.
——	1, 3 et 15 sept. Batailles de Santo-Marco, de la Brenta et de Saint-George, par Bonaparte.
——	10 sept. Retraite de Moreau.
——	2 oct. Bataille de Biberach par l'armée de Rhin-et-Moselle.
——	7 oct. L'Espagne déclare la guerre à l'Angleterre.
——	10 oct. Traité de paix de Paris entre la république françoise et le roi des Deux-Siciles.
——	15 oct. *Charles-Emmanuel IV*, roi de Sardaigne.
——	21 oct. Les Anglois chassés de l'ile de Corse.
——	21 oct. Conférences infructueuses de Paris entre le lord Malmesbury et le gouvernement françois.
——	5 nov. Traité de paix de Paris entre la république françoise et le duc de Parme.
——	15 nov. Bataille d'Arcole par Bonaparte.
——	17 nov. Mort de l'impératrice Catherine II. *Paul I Pédrowitsch*, empereur de Russie.
——	15 déc. Expédition infructueuse de Hoche contre l'Irlande.
1797	14 au 16 janv. Batailles de Rivoli et de la Favorite par Bonaparte.
——	26 janv. Dernière convention sur la Pologne entre

les trois cours co-partageantes , signée à Saint-Pétersbourg.

1797 19 fév. Paix de Tolentino entre la république françoise et le pape : cession d'Avignon et du Comtat, du Ferrarois, du Bolonois et de la Romagne.

—— 21 fév. Renouvellement du traité de commerce entre la Russie et l'Angleterre.

—— 16 mars. Bataille et passage du Tagliamento par les François.

—— 5 avril. Nouvel ordre de succession au trône de Russie, établi par l'empereur Paul.

—— —— Traité d'alliance offensive et défensive , conclu à Turin, entre la république françoise et le roi de Sardaigne.

—— 7 avril. Suspension d'armes , signée à Judenbourg, entre les armées françoise et autrichienne.

—— 17 avril. Insurrection des provinces vénitiennes contre les François.

—— 18 avril. Préliminaires de Léoben entre la France et l'Autriche,

—— 18 au 20 avril. Second passage du Rhin par les armées françoises , sous les ordres de Moreau

—— et de Hoche.

—— Batailles de Neuwied, d'Ukerrath et d'Alten-kirchen.

—— 16 mai. Révolution de Venise : établissement d'un gouvernement provisoire ; entrée des François dans cette ville.

—— 22 et 31 mai. Révolution de Gênes.

—— 14 juin. Installation du gouvernement provisoire de Gênes, sous le nom de République ligurienne.

—— 6 juill. Conférences infructueuses de Lille , entre le lord Malmesbury et les plénipotentiaires françois.

—— 9 juill. Fédération de Milan ; proclamation de la république cisalpine , formée de la Lombardie autrichienne, du Bergamasque, du Bressan, du Crémasque et d'autres portions de l'état de Venise ; de Mantoue et du Mantouan, du Modénois, de Massa et Carrara ; du Bolonois, du Ferrarois et de la Romagne.

1797	10 août. Traité de paix entre la France et le Portugal, signé à Paris, et non ratifié par la reine de Portugal.
——	5 sept. Déportation de plusieurs membres du corps législatif et du directoire de France, comme partisans de la royauté.
——	17 oct. Traité de paix définitif de Campo-Formio entre la république françoise et l'empereur, roi de Hongrie et de Bohême : cession des provinces belgiques et de la Lombardie autrichienne ; partage des états de la république de Venise : Corfou, Zante, Céphalonie, Sainte-Maure, Cérigo, avec les villes et ports de l'Albanie, cédés à la France ; l'Istrie et la Dalmatie, les îles de l'Adriatique, la ville de Venise avec les états de terre-ferme, jusqu'à l'Adige, au Tartaro et au Pô, cédés à l'empereur ; reconnoissance de la république cisalpine et de ses limites ; anéantissement de celle de Venise ; cession du Brisgau autrichien en faveur du duc de Modène.
——	22 oct. Réunion de la Valteline avec la république cisalpine.
——	16 nov. *Fréderic-Guillaume III*, roi de Prusse.
——	21 nov. Installation du corps législatif de la république cisalpine.
——	1 déc. Convention militaire, signée à Rastadt, entre Bonaparte et le comte de Cobenzl, touchant l'évacuation de Mayence, d'Ehrenbreitstein, etc.
——	9 déc. Ouverture du congrès de Rastadt pour la paix entre la France et l'Empire.
——	28 déc. Le général Duphot tué dans une émeute à Rome.
——	30 déc. Reddition de Mayence aux François par les Impériaux.
1798	17 janv. Installation du corps législatif de la république ligurienne.
——	26 janv. Entrée d'une armée françoise dans la Suisse.
——	28 janv. Traité de réunion de la république de Mülhouse à la France, signé à Mülhouse.

1798	10 fév. Une armée françoise, commandée par Berthier, arrive devant Rome.
——	12 fév. Mort de Stanislas Poniatowski, dernier roi de Pologne.
——	15 fév. Proclamation de la république romaine.
——	11 avril. Proclamation de la république helvétique une et indivisible : formation d'un directoire exécutif.
——	13 avril. Insulte faite à Vienne à l'ambassadeur françois Bernadotte.
——	26 avril. Traité de réunion de la république de Genève à la république françoise, signé à Genève.
——	1 mai. Proclamation d'une nouvelle constitution de la république batave une et indivisible.
——	19 mai. Une flotte françoise, sous les ordres de Bonaparte, sort de Toulon.
——	30 mai. Ouvertures des conférences de Selz, entre François de Neufchateau et le comte de Cobenzl.
——	12 juin. Reddition de Malte à l'armée navale de Bonaparte.
——	2 juill. et suiv. Prise d'Alexandrie et de Rosette en Egypte par Bonaparte.
——	21 juill. Bataille des Pyramides par l'armée d'Egypte.
——	22 juill. Entrée des François au Grand-Caire.
——	1 août. Combat naval de Beguières ou d'Aboukir.
——	23 août. Débarquement du général Humbert en Irlande.
——	1 sept. La Porte publie un manifeste contre la France.
——	27 oct. Election de l'empereur Paul de Russie en qualité de grand-maître de l'ordre de Malte.
——	24 nov. Levée de bouclier du roi de Naples : les François attaqués sur le territoire romain par les troupes napolitaines.
——	6 déc. Déclarations de guerre contre les rois de Naples et de Sardaigne par la république françoise.
——	9 déc. Le roi de Sardaigne se démet du Piémont et se retire dans la Sardaigne.

1798	21 déc. Arrivée d'un corps auxiliaire russe en Moravie.
——	23 déc. Traité d'alliance de Constantinople entre la Russie et la Porte.
1799	15 janv. Révolution de Lucques.
——	23 janv. Les François s'emparent de Naples; république parthénopéenne.
——	28 janv. Reddition d'Ehrenbreitstein.
——	4 fév. Bonaparte se porte sur la Syrie.
——	1 mars. Troisième passage du Rhin par l'armée françoise, sous les ordres de Jourdan.
——	3 mars. Les Russes et les Turcs s'emparent de Corfou.
——	12 mars. Déclaration de guerre contre l'empereur d'Allemagne et le grand-duc de Toscane par le directoire exécutif de France.
——	20 au 25 mars. Batailles de Pfullendorf et de Stockach par l'archiduc Charles; retraite de l'armée françoise en-deçà du Rhin.
——	4 et 5 avril. Batailles de Vérone par le général Kray.
——	8 avril. Rupture du congrès de Rastadt par le ministre impérial.
——	*Deuxième coalition* contre la France entre la Grande-Bretagne, l'empereur d'Allemagne, une partie de l'Empire, les rois de Naples et de Portugal, la Russie, la Turquie et les états barbaresques.
——	13 avril. Suwarow se réunit à l'armée autrichienne auprès de Vérone.
——	16 avril. Bataille du mont Thabor par Bonaparte.
——	21 avril. Traité de réunion des Grisons à la république helvétique, signé à Coire.
——	27 avril. Bataille de Cassano par les alliés commandés par Suwarow.
——	28 avril. Assassinat des ministres de France à leur départ de Rastadt.
——	—— Les alliés contre la France rentrent dans Milan.
——	4 mai. Prise de Seringapatnam, capitale du Mysore, par les Anglois; destruction de la puissance de Tipoo-Saïb aux Indes.

1799	20 mai. Levée du siége de Saint-Jean-d'Acre par Bonaparte.
——	25 mai. Prise de Turin par Suwarow.
——	30 mai. Traité de commerce entre les républiques française et helvétique, signé à Paris.
——	4 et 5 juin. Combats de Zuric par l'archiduc Charles.
——	7 juin. Les Autrichiens entrent dans Zuric.
——	12 juin. Bataille de Modène par Macdonald.
——	17 juin. Bataille de la Trébia ; retraite de Macdonald.
——	18 juin. Révolution dans le gouvernement françois par la retraite de trois directeurs.
——	19 juin. Bataille de Saint-Julien par l'armée d'Italie.
——	22 juin. Prise d'Alexandrie par les Austro-Russes.
——	13 juill. Le roi des Deux-Siciles rentre dans Naples.
——	15 juill. *Jean VI*, prince du Brésil, proclamé régent de Portugal.
——	25 juill. Défaite des Turcs devant Aboukir par Bonaparte.
——	26 juill. L'empereur Paul déclare la guerre à l'Espagne.
——	28 juill. Capitulation de Mantoue ; l'Italie reconquise par les alliés.
——	13 au 15 août. Combats de Zuric et du mont Saint-Gotthard par les François.
——	15 août. Bataille de Novi par les alliés ; le général Joubert tué ; les François réduits à la défense de l'état de Gênes.
——	17 août. Arrivée d'un corps auxiliaire russe, sous Korsakow, dans la Suisse.
——	22 août. Bonaparte s'embarque en Egypte pour retourner en Europe.
——	27 août. Descente des Anglois dans la Nord-Hollande.
——	29 août. Mort de Pie VI, à Valence en Dauphiné.
——	8 sept. Suwarow marche sur la Suisse.
——	10 sept. L'archiduc Charles se porte de la Suisse sur le Bas-Rhin ; levée du siége de Philippsbourg par les François.

1799	19 sept. Bataille de Berghen dans la Hollande par le général Brune.
——	24 sept. et suiv. Bataille de Zuric par Masséna ; les Austro-Russes défaits évacuent la Suisse.
——	25 sept. Passage de Suwarow par le mont Saint-Gotthard.
——	3o sept. Les Russes et les Napolitains s'emparent de Rome.
——	1 oct. Combat de la vallée de Mutta entre les François et les Russes.
——	5 oct. Retraite de Suwarow du canton de Glaris par les Grisons ; rappel des troupes russes par l'empereur Paul.
——	6 oct. Bataille de Castricum par le général Brune ; les Anglo-Russes défaits se retirent sur le Zyp.
——	16 oct. Arrivée de Bonaparte à Paris.
——	18 oct. Convention d'Alkmaar entre le duc d'York et le général Brune ; évacuation de la Nord-Hollande par les Anglo-Russes.
——	4 nov. Bataille de Fossano ou de Genola, par Mélas.
——	9 et 10 nov. Translation du corps législatif de France à St.-Cloud ; suppression du directoire exécutif et de la constitution de l'an 3 ; établissement d'une commission consulaire exécutive.
——	13 déc. Nouvelle constitution françoise décrétée ; Bonaparte nommé *Premier Consul*.
——	14 déc. Mort du général Washington.
1800	1 janv. Installation du nouveau corps législatif et du tribunat de France.
——	7 janv. Dissolution du directoire helvétique ; établissement d'une commission exécutive.
——	24 janv. Traité d'El-A'rych, entre le grand-visir et le général Kléber, sur l'évacuation de l'Egypte, improuvé par le cabinet de Londres.
——	17 fév. Division du territoire françois en préfectures et arrondissemens communaux.
——	19 fév. Installation du gouvernement consulaire au palais des Tuileries.
——	20 fév. La banque de France entre en activité.
——	13 mars. Election de *Pie VII*.

1800 | 20 mars. Défaite du grand-visir auprès d'El-Hanca, en Egypte, par le général Kléber.

— 21 mars. Convention entre la Russie et la Porte touchant les îles vénitiennes; formation de la *république des Sept-Isles.*

— 25 avril et suiv. Nouveau passage du Rhin par l'armée françoise du Rhin.

— 28 avril. Reprise du Caire sur les Ottomans; l'Egypte reconquise par les François.

— 3, 5 et 9 mai. Batailles d'Engen, de Mœskirch, de Biberach, par l'armée du Rhin.

— 14 mai et suiv. Passage du mont Saint-Bernard par l'armée françoise de réserve.

— 2 juin. Entrée du premier consul à Milan; rétablissement de la république cisalpine.

— 5 juin. Capitulation de Gênes par Masséna.

— 9 juin. Bataille de Montenotte par le premier consul.

— 14 juin. Bataille de Marengo par le premier consul; mort du général Dessaix.

— —— Assassinat du général Kléber en Egypte.

— 16 juin. Armistice entre les généraux Berthier et Mélas : toutes les places fortes du Piémont et de la Lombardie, avec les villes de Gênes, Savonne et Urbin, livrées aux François; retraite des Autrichiens au-delà de l'Oglio.

— 19 juin. Bataille de Hochstett par l'armée du Rhin.

— 20 juin. Convention de prêt ou de subside signée à Vienne entre l'Autriche et la Grande-Bretagne.

— 2 juil. Union de l'Irlande avec la Grande-Bretagne en un seul et même parlement, sanctionnée.

— 15 juill. Armistice conclu à Parsdorf entre les armées françoise et autrichienne.

— 28 juil. Préliminaires de paix signés à Paris entre la France et l'Autriche, non ratifiés par cette dernière puissance.

— 9 août. Formation d'un gouvernement provisoire helvétique.

— 5 sept. L'île de Malte tombe au pouvoir des Anglois.

— 20 sept. Convention de Hohenlinden : prolongation de l'armistice entre les armées francoise et autrichienne; congrès indiqué à Lunéville.

1800   3o sept. Nouveau traité d'amitié et de commerce entre la France et les états-unis de l'Amérique.

—— 15 oct. Les François prennent possession de la Toscane.

—— 7 nov. Arrivée des plénipotentiaires à Lunéville.

—— 28 nov. Rupture de l'armistice; renouvellement des hostilités.

—— 3 déc. Bataille de Hohenlinden par l'armée du Rhin.

—— ——Bataille de Bamberg par l'armée gallo-batave.

—— 5 déc. Une l'armée françoise, sous les ordres de Macdonald, passe le Splügen.

—— 9 au 14 déc. L'armée du Rhin force les passages de l'Inn et de la Salza.

—— 16 déc. Renouvellement de la neutralité armée entre la Russie, la Suède, le Danemarck et la Prusse.

—— 18 déc. Bataille de Nuremberg par l'armée gallo-batave.

—— 24 déc. Attentat du 3 nivôse an ix contre la vie du premier consul.

—— 25 déc. Nouvel armistice de quarante-cinq jours accordé à Steyer; l'empereur prend l'engagement de faire une paix séparée avec la France.

—— 25 déc. et suiv. L'armée françoise d'Italie, commandée par Brune, force le passage du Mincio.

1801   1 janv. Passage de l'Adige par l'armée françoise.

—— 16 janvier. Armistice arrêté à Treviso entre les généraux Brune et Bellegarde.

—— 9 fév. Traité de paix signé à Lunéville entre la France, l'empereur et l'Empire : cession de toute la rive gauche du Rhin, du comté de Falckenstein et du Frickthal à la France; confirmation des clauses principales du traité de Campo-Formio; le grand-duché de Toscane assuré au duc de Parme.

—— 10 fév. Réunion des états de Géorgie du prince George Héracliowitsch à l'empire de Russie.

—— 18 fév. Armistice conclu entre les généraux Murat et Damas pour le royaume de Naples.

1801 | 8 mars. Descente des Anglois en Egypte.

—— | 9 mars. Réunion définitive des quatre nouveaux départemens du Rhin à la république françoise.

—— | 21 mars. Traité entre la France et l'Espagne touchant la cession du duché de Parme à la république françoise; la Toscane assurée au prince de Parme avec le titre de roi d'Etrurie.

—— | 24 mars. Mort tragique de l'empereur Paul Pétrowitsch de Russie. *Alexandre Pawlowitsch,* empereur de Russie.

—— | 28 mars. Traité de paix signé à Florence entre la France et le roi des Deux-Siciles : cession de Porto-Longone, de l'île d'Elbe, de l'état degli Presidi et de la principauté de Piombino à la France.

—— | 2 avril. Combat sanglant dans le Sund entre les flottes angloise et danoise.

—— | 9 avril. Armistice entre les Anglois et les Danois.

—— | 6 juin. Paix entre l'Espagne et le Portugal : cession d'Olivenza à l'Espagne; la Guadiana établie pour limite entre les deux états.

—— | 17 juin. Traité d'accommodement entre la Russie et l'Angleterre touchant les différends de la neutralité armée.

—— | 27 juin. Capitulation du Grand-Caire par le général françois Belliard.

—— | —— Insurrection des Serviens contre la Porte.

—— | 15 juill. Concordat entre la France et la cour de Rome, signé à Paris.

—— | 2 août. *Louis I,* prince de Parme, proclamé roi d'Etrurie.

—— | 24 août. Traité de paix et d'amitié entre la France et l'électeur bavaro-palatin : ce dernier renonce à ses anciennes possessions de la rive gauche du Rhin.

—— | 30 août. Capitulation d'Alexandrie; évacuation de l'Egypte par les François.

—— | 7 sept. Ouverture d'une diète helvétique à Berne.

—— | 29 sept. Paix définitive de Madrid entre la France et le Portugal : les limites de la Guyane françoise déterminées par tout le cours de la rivière de

	Carapanatuba jusqu'à son embouchure dans l'Amazone, et par une ligne tirée depuis la source de cette rivière jusqu'au Rio-Branco.
1801	1 oct. Traité de St.-Ildefonse entre la France et l'Espagne : la Louisiane rendue à la France.
——	—— Préliminaires de paix signés à Londres entre la France et l'Angleterre.
——	4 oct. Paix conclue à Paris entre l'Espagne et la Russie.
——	8 oct. Paix conclue à Paris entre la France et la Russie.
——	9 oct. Articles préliminaires de paix conclus à Paris entre la France et la Porte : la France et la Russie garantissent la république des Sept-Isles.
——	18 oct. Nouvelle constitution de la république batave, modifiant celle du 1.er mai 1798.
——	24 oct. Révolte des nègres de Saint-Domingue sous Toussaint-Louverture.
——	28 oct. Dissolution de la diète helvétique de Berne par la force ; formation d'un nouveau sénat et d'un nouveau pouvoir exécutif.
——	25 déc. Nouvelle constitution de la république de Lucques.
——	27 déc. Renouvellement du traité de paix entre la France et la régence d'Alger.
1802	26 janv. Bonaparte, premier consul, accepte la présidence de la république *italienne*, précédemment cisalpine ; nouvelle organisation de cette république.
——	3 fév. Une flotte françoise arrive à St.-Domingue.
——	25 fév. Traité de paix entre la France et la régence de Tunis.
——	27 mars. Paix définitive entre la France, l'Espagne, la république batave et la Grande-Bretagne, signée à Amiens : cession de l'île de la Trinité et des possessions hollandoises dans l'île de Ceilan, faite à la Grande-Bretagne ; reconnoissance de la *république des Sept-Isles* ; restitution convenue de l'île de Malte à l'ordre de Saint-Jean.
——	8 avril. Loi relative à l'organisation des cultes en France.

1802 | 19 mai. Loi portant création d'une *Légion d'honneur* en France.

—— | 4 juin. Abdication de Charles-Emmanuel IV. *Victor-Emmanuel I*, roi de Sardaigne.

—— | 25 juin. Traité de paix définitif, signé à Paris, entre la France et la Porte Ottomane : la libre navigation de la mer Noire assurée au pavillon françois.

—— | 26 juin. Nouvelle organisation de la république ligurienne.

—— | 3 juill. Ouverture d'un nouveau sénat helvétique.

—— | 2 août. Napoléon Bonaparte proclamé *Premier Consul à vie*.

—— | 4 août. Sénatus-consulte organique de la constitution de France ; le tribunat est réduit à cinquante membres.

—— | 26 août. Sénatus-consulte portant réunion de l'île d'Elbe à la France.

—— | 30 août. Le Vallais se donne une nouvelle constitution et forme une république particulière.

—— | août. Le Frickthal est cédé à la république helvétique et incorporé depuis au canton d'Argovie.

—— | août. Les troupes françoises se retirent de la Suisse ; l'anarchie s'empare de toutes les parties de cette république.

—— | 2 sept. Le sénat helvétique réclame la médiation du premier consul de France.

—— | 11 sept. Sénatus-consulte qui réunit le Piémont à la France.

—— | 21 oct. Les troupes françoises rentrent dans la Suisse.

1803 | 4 janv. Sénatus-consulte portant création de sénatoreries en France.

—— | 9 fév. Jean-Baptiste *Tommasi* proclamé grand-maître de l'ordre de Malte.

—— | 19 fév. Acte de médiation du premier consul, touchant la nouvelle constitution de la Suisse et sa division en dix-neuf cantons.

—— | 25 fév. Recès de la députation de l'Empire, réglant les indemnités des princes et états qui ont perdu leurs possessions sur la rive gauche du Rhin.

1803	3o avril. Cession de la Louisiane , faite par la France aux états-unis d'Amérique.
——	16 et 22 mai. Renouvellement de la guerre entre la France et l'Angleterre.
——	26 mai. Les François entrent dans l'électorat d'Hanovre.
——	27 mai. *Louis II*, roi d'Etrurie.
——	6 oct. Convention de neutralité entre la France et le Portugal.
——	3o nov. Evacuation de l'île de Saint-Domingue par le général Rochambeau.
1804	15 janv. Adoption d'un nouveau *Code civil* par le corps législatif de France.
——	15 fév. Arrestation du général Moreau.
——	21 mars. Exécution du duc d'Enghien.
——	18 mai. Sénatus-consulte organique qui déclare *Napoléon* empereur des François, et lui défère la dignité impériale héréditaire ; établissement des colléges électoraux et d'une haute cour impériale.
——	2o mai. Proclamation de *Napoléon I* comme empereur des François.
——	15 juill. Installation de la Légion d'honneur.
——	4 août. *François II*, empereur d'Allemagne , se déclare empereur héréditaire d'Autriche.
——	31 août. Le chargé d'affaires de Russie quitte Paris.
——	2 sept. Départ de Paris de l'ambassadeur de Suède.
——	8 oct. Dessalines se fait couronner roi de Hayti, sous le nom de Jacques I.
——	25 nov. Arrivée de Pie VII à Fontainebleau pour le sacre de l'empereur Napoléon.
——	2 déc. Sacre et couronnement de l'empereur Napoléon I à Paris.
——	3 déc. Traité de subside signé à Stockholm entre la Grande-Bretagne et la Suède contre la France.
——	12 déc. Déclaration de guerre de l'Espagne contre l'Angleterre.
——	13 déc. L'ambassadeur françois Brune quitte Constantinople.
——	19 déc. Suppression du servage dans les duchés de Slesvic et de Holstein.

1805	18 mars. La royauté d'Italie déférée à l'empereur Napoléon, et acceptée par lui dans une séance solennelle du sénat.
——	11 avril. Traité de Saint-Pétersbourg entre la Grande-Bretagne et la Russie pour une *troisième coalition continentale* contre la France.
——	29 avril. Introduction d'une nouvelle constitution batave ; Schimmelpennink, grand-pensionnaire.
——	26 mai. Couronnement de l'empereur Napoléon à Milan, comme roi d'Italie.
——	4 juin. Gênes demande sa réunion à l'empire françois.
——	8 juin. Le prince Eugène est nommé vice-roi d'Italie ; fondation de l'ordre de la couronne de fer.
——	—— Soumission de la république de Lucques.
——	23 juin. Lucques érigée en principauté en faveur du prince et de la princesse de Piombino.
——	21 juill. Organisation administrative des états de Parme, Plaisance et Guastalla, ordonnée par un décret impérial.
——	9 août. Accession formelle de l'Autriche au traité de coalition de Saint-Pétersbourg.
——	27 août. Levée du camp de Boulogne ; marche de l'armée françoise sur le Rhin.
——	8 sept. Entrée des Autrichiens dans la Bavière ; passage de l'Inn par le général Klenau.
——	9 sept. Sénatus-consulte sur le rétablissement du calendrier grégorien en France, fixé au 1.ᵉʳ janvier 1806.
——	21 sept. Convention de neutralité entre la France et le roi des Deux-Siciles.
——	24 sept. L'empereur Napoléon part de la capitale pour se mettre à la tête de la grande armée.
——	25 sept. Passage du Rhin par l'armée françoise.
——	1 oct. L'empereur passe le Rhin à Kehl pour joindre l'armée.
——	3 oct. Nouveau traité de subside entre la Grande-Bretagne et la Suède pour un corps de douze mille hommes à fournir par la Suède contre la France.

1805	6 et 7 oct. Les François passent le Danube et tournent l'armée autrichienne.
——	8 oct. Combat de Wertingen.
——	—— Sénatus-consulte qui réunit le territoire de la ci-devant république ligurienne (Gênes) à l'empire françois.
——	9 oct. Combat de Günzbourg.
——	12 oct. Entrée des François à Munich.
——	14 oct. Capitulation de Memmingen.
——	14 et 15 oct. Combats d'Elchingen et de Langenau; entière déroute des Autrichiens.
——	15 oct. Arrivée d'une première colonne russe à Passau.
——	17 et 19 oct. Capitulation d'Ulm : l'armée autrichienne met bas les armes.
——	19 oct. Capitulation du corps du général Werneck, signée à Truchtelfingen.
——	21 oct. Combat naval de Trafalgar entre la flotte britannique et les flottes combinées de France et d'Espagne.
——	28 oct. Passage de l'Inn par l'armée françoise.
——	30 oct. Bataille de Caldiero par l'armée d'Italie.
——	3 nov. Traité secret du roi de Prusse, signé à Potsdam , pour son accession à la troisième coalition contre la France.
——	11 nov. Combat de Diernstein des François contre les Russes.
——	13 nov. L'armée d'Italie passe le Tagliamento.
——	—— Entrée des François à Vienne.
——	16 nov. Combat de Guntersdorf, contre les Russes.
——	18 nov. Brünn en Moravie tombe au pouvoir des François.
——	20 nov. Les Anglois et les Russes sont reçus dans le royaume de Naples.
——	2 déc. Bataille d'Austerlitz des trois empereurs ; entière défaite de l'armée austro-russe par l'empereur Napoléon.
——	6 déc. Armistice conclu à Austerlitz entre les empereurs Napoléon et François II.
——	15 déc. Convention provisoire conclue à Vienne entre la France et la Prusse touchant la cession

dés pays d'Anspach , de Clèves et de Neuchâtel contre l'électorat d'Hanovre.

1805 | 26 déc. Paix signée à Presbourg entre la France et l'Autriche : les anciens états de Venise , avec la Dalmatie et l'Albanie vénitienne , cédés pour le royaume d'Italie ; la principauté d'Eichstett, une partie du territoire de Passau , le comté de Tirol , la ville d'Augsbourg , toutes les possessions autrichiennes dans la Souabe , dans le Brisgau et l'Ortenau adjugés aux nouveaux rois de Bavière et de Wirtemberg, et à l'électeur de Bade ; l'indépendance de la république helvétique, régie par l'acte de médiation, reconnue.

1806 | 1 janv. Proclamation des nouveaux rois de Bavière et de Wirtemberg.

—— | 8 janv. Les Anglois s'emparent du cap de Bonne-Espérance.

—— | 8 févr. L'armée françoise entre dans le royaume de Naples.

—— | 15 févr. Entrée du prince Joseph - Napoléon à Naples.

—— | 4 mars. Les bouches du Cattaro livrées aux Russes par le commissaire autrichien.

—— | 8 mars. Traité entre la France et la Prusse portant ratification modifiée de la convention provisoire de Vienne.

—— | 15 mars. Le prince Joachim est déclaré grand-duc de Berg.

—— | 25 mars. Entrée du prince Joachim à Dusseldorf en qualité de grand-duc de Clèves et de Berg.

—— | 30 mars. Statut constitutionnel de la famille impériale de France.

—— | —— *Joseph-Napoléon* est déclaré roi de Naples et de Sicile pour lui et ses descendans mâles.

—— | —— Le maréchal Berthier est déclaré prince de Neuchâtel.

—— | 1 avril. Proclamation du roi de Prusse sur la prise de possession de l'électorat d'Hanovre.

—— | 20 avril. Manifeste du roi d'Angleterre , électeur d'Hanovre , contre le roi de Prusse.

1806 | 22 avril. **Loi** relative à la banque de France; institution d'un gouverneur de la banque.

—— | 27 avril. **Manifeste** du roi de Suède contre la Prusse.

—— | 1 mai. Réunion définitive des états vénitiens au royaume d'Italie.

—— | 24 mai. Traité entre l'empereur des François et le roi de Bavière pour la fixation d'une ligne militaire dans la partie du Tirol italien contiguë au royaume d'Italie.

—— | Traité entre la France et la république batave, touchant la royauté de Hollande.

—— | 27 mai. L'électeur archichancelier d'Allemagne nomme le cardinal Fesch son coadjuteur et successeur.

—— | —— Prise de possession de la ville de Raguse par les François.

—— | 5 juin. Le prince *Louis-Napoléon* est proclamé roi de Hollande pour lui et ses descendans mâles.

—— | 10 juin. Bill du parlement d'Angleterre pour l'abolition de la traite des Nègres.

—— | 11 juin. Déclaration de guerre de l'Angleterre contre la Prusse.

—— | 26 juin. Le roi de Suède supprime les états de la Poméranie suédoise et introduit dans ce pays la constitution de Suède.

—— | 4 juill. Ordonnance du roi de Suède pour l'abolition de la servitude dans la Poméranie.

—— | 12 juill. Traité d'alliance perpétuelle signé à Paris entre la France et plusieurs membres du corps germanique sous la dénomination d'*Etats confédérés du Rhin* ; l'empereur des François est déclaré protecteur de cette confédération.

—— | 18 juill. Capitulation de la place de Gaële.

—— | 20 juill. Traité de paix entre la France et la Russie, signé à Paris et non ratifié par la cour de Saint-Pétersbourg.

—— | 1 août. Les états confédérés du Rhin notifient à la diète de Ratisbonne leur séparation du corps germanique.

—— | 6 août. Proclamation de l'empereur François II

sur son abdication du trône de l'Empire ; entière dissolution du corps germanique.

1806 | 9 août. Le roi de Prusse rend son armée mobile.

—— | 9 sept. Déclaration du roi de Danemarck sur la réunion du duché de Holstein au royaume de Danemarck.

—— | 26 sept. L'empereur Napoléon part de Paris pour joindre son armée d'Allemagne, à la vue d'une *quatrième coalition continentale* prête à éclater contre la France.

—— | 30 sept. L'électeur de Würzbourg déclare son accession au traité de la confédération du Rhin, et prend le titre de grand-duc de Würzbourg.

—— | 1 oct. L'empereur Napoléon passe le Rhin à Mayence pour se mettre à la tête de l'armée françoise dans la Franconie.

—— | 9 oct. Commencement des hostilités entre la France et la Prusse.

—— | 10 oct. Combat de Saalfeld ; l'avant-garde prussienne, sous les ordres du prince de Hohenlohe, est mise en déroute par le maréchal Lannes ; le prince Louis de Prusse y est tué.

—— | 14 oct. Batailles de Jena et d'Auerstadt ; défaite complète de l'armée prussienne par l'empereur Napoléon ; trente à quarante mille Prussiens, avec trois cents pièces de canon, tombent au pouvoir des François.

—— | 16 oct. Capitulation d'Erfurt ; quatorze mille Prussiens prisonniers de guerre, avec le feld-maréchal Moellendorf.

—— | 17 oct. Combat de Halle ; défaite de l'armée prussienne de réserve.

—— | —— Convention de neutralité entre la Saxe et l'empereur Napoléon.

—— | 25 oct. Capitulation de la forteresse de Spandau.

—— | 27 oct. Entrée solennelle de l'empereur Napoléon à Berlin.

—— | —— Prise de possession de Fulde par les François.

—— | 28 et 29 oct. Combat de Prentzlow entre le duc de Berg et le corps du prince de Hohenlohe ; seize mille hommes d'infanterie prussienne et six régimens de cavalerie mettent bas les armes.

1806 | 28 oct. Prise de possession du duché de Brunswick, au nom de l'empereur Napoléon.
—— | —— Capitulation de la forteresse de Prentzlau.
—— | 29 oct. Capitulation de la ville de Stettin.
—— | 31 oct. L'électeur de Hesse est déclaré ennemi de la France ; les François prennent possession de la Hesse.
—— | 1 nov. Reddition de la forteresse de Custrin.
—— | 3 nov. Décret impérial pour l'organisation des états prussiens d'Empire et leur division en quatre départemens ; ceux de Berlin, de Custrin, de Stettin et de Magdebourg.
—— | 6 et 7 nov. Bataille de Lubeck, suivie de la capitulation de Ratkau : vingt-un mille Prussiens, sous les ordres du général Blucher, mettent bas les armes.
—— | 8 nov. Capitulation de la ville et forteresse de Magdebourg : vingt-deux mille Prussiens, avec huit cents canons, tombent au pouvoir des François.
—— | 10 nov. Les François entrent à Posen.
—— | 16 nov. Suspension d'armes conclue à Charlottenbourg entre la France et la Prusse, et non ratifiée par le roi de Prusse.
—— | 19 nov. Capitulation de la forteresse de Czenstochau.
—— | —— et suiv. Prise de possession des villes de Hambourg, de Bremen et de Lubeck par des troupes françoises.
—— | 20 nov. Capitulation de la forteresse de Hameln ; neuf mille Prussiens se rendent prisonniers de guerre.
—— | —— Prise de possession de la principauté de Fulde au nom de l'empereur Napoléon.
—— | 21 nov. Décret de l'empereur Napoléon, rendu à Berlin, pour déclarer les îles britanniques en état de blocus.
—— | —— Entrée d'une armée russe dans la Moldavie.
—— | 25 nov. Capitulation de la forteresse de Nienbourg.
—— | —— Capitulation de la forteresse de Plassenbourg en Franconie.

1806	27 nov. Arrivée de l'empereur Napoléon à Posen.
——	—— Le duc de Mecklenbourg-Schwerin est déclaré déchu de la neutralité, comme ayant fait cause commune avec la Russie ; prise de possession de son pays.
——	28 nov. Entrée des François à Varsovie.
——	2 déc. Capitulation de la forteresse de Glogau, en Silésie.
——	11 déc. Traité de paix, signé à Posen, entre l'empereur des François et l'électeur de Saxe : l'électeur accède à la fédération rhénane sous le titre de roi.
——	15 déc. Traité d'accession des ducs de Saxe-Weimar, Gotha, Meinungen, Cobourg et Hildbourgshausen à la confédération rhénane.
——	19 déc. Arrivée de l'empereur Napoléon à Varsovie.
——	23 au 26 déc. Combats de Pultusk et de Golywin dans la Prusse orientale ; l'armée françoise prend des quartiers d'hiver.
——	30 déc. Les Serviens s'emparent de la forteresse de Belgrade.
——	—— Déclaration de guerre de la Porte contre la Russie.
1807	1 janv. Le prince primat reçoit l'hommage de la ville de Francfort.
——	5 janv. Capitulation de la ville de Breslau : sept mille Prussiens se rendent prisonniers de guerre.
——	11 janv. Capitulation de la ville de Brieg.
——	23 janv. Les Russes reprennent l'offensive contre les François.
——	25 janv. Combat de Mohrungen dans le royaume de Prusse.
——	30 janv. Prise de Choczim par les Russes.
——	3 au 7 fév. Combats de Bergfried, de Waltersdorf, de Deppen et de Hoff, entre des corps d'armée françois et russes.
——	—— Capitulation de Schweidnitz.
——	6 fév. Abolition de la traite des Nègres, pour le 1.er janvier 1808, par le parlement britannique.

1807	8 fév. Bataille sanglante d'Eylau; l'armée russe se retire derrière la rivière de Pregel.
——	14 fév. Suppression des couvens à Naples.
——	16 fév. Combat d'Ostrolenka; défaite du corps du général Essen par la droite de la grande armée.
——	20 fév. Une escadre angloise force les Dardanelles et paroît devant Constantinople.
——	2 mars. A la suite d'une négociation infructueuse avec la Porte, les Anglois ressortent du Canal.
——	12 mars. Traité de cession de Cassel et de Kostheim, faite à la France par les princes de Nassau-Usingen et de Nassau-Weilbourg.
——	20 mars. Prise d'Alexandrie en Égypte par les Anglois.
——	18 avril. Suspension d'armes conclue à Schlatkow en Poméranie, entre la France et la Suède.
——	—— Traité d'admission dans la confédération du Rhin, des maisons d'Anhalt, de Schwartzbourg, de la Lippe, de Reuss et de Waldeck, signé à Varsovie.
——	23 avril. Bombardement de Dantzic.
——	17 mai. L'épée de Frédéric-le-Grand est déposée aux Invalides avec de grandes cérémonies.
——	24 mai. Capitulation de Dantzic.
——	29 mai. Révolution de Constantinople; déposition du sultan Sélim III par les janissaires. Avénement de *Mustapha IV*.
——	1 juin. Capitulation de la forteresse de Neisse.
——	5, 6, 8 et 10 juin. Combats de Spanden; de Lomitten, de Deppen, de Gutstadt, de Heilsberg; retraite de l'armée russe au delà de l'Alle.
——	14 juin. Bataille décisive de Friedland, gagnée sur les Russes et les Prussiens par l'empereur Napoléon.
——	16 juin. Entrée des François à Kœnigsberg.
——	18 juin. Capitulation de la forteresse de Kosel.
——	21 juin. Armistice entre les armées françoise et russe, signé à Tilsit sur la Tilsit.
——	25 juin. Armistice entre la France et la Prusse.

1807 | 26 juin. Entrevue de l'empereur Napoléon, de l'empereur Alexandre et du roi de Prusse, sur le Niémen.

—— | 28 juin. Capitulation de la forteresse de Glatz.

—— | 3 juill. La Suède dénonce l'armistice de Schlatkow.

—— | 6 juill. Les Anglois échouent dans leur entreprise sur Buenos-Ayres.

—— | 7 juill. Traité de paix définitif, signé à Tilsit, entre la Russie et la France : cession faite à la Russie, de la partie de la Pologne prussienne ou de la Prusse orientale, située entre le Bug, la Lossosna, la Bobra, la Narew, la Lisa, la Narteck, etc ; reconnoissance de Joseph, de Louis et de Jérôme-Napoléon, comme rois de Naples, de Hollande et de Westphalie ; cession de la seigneurie de Jever en faveur du roi de Hollande.

—— | 9 juill. Traité de paix de Tilsit entre la France et la Prusse : cession par la Prusse de toutes ses possessions d'Empire en-deçà de l'Elbe, de même que de la partie principale de la Pologne prussienne, désignée dans les deux traités de Tilsit ; cette partie, érigée en grand-duché de Varsovie, est donnée en toute souveraineté au roi de Saxe, avec le cercle de Cotbus dans la Basse-Lusace ; la ville de Dantzick est rétablie dans son état d'indépendance sous la protection des rois de Prusse et de Saxe ; la navigation de la Vistule et celle de la Netze sont déclarées parfaitement libres.

—— | 11 juill. Le duc de Mecklenbourg-Schwerin rentre dans ses états.

—— | 13 juill. Renouvellement des hostilités entre la France et la Suède.

—— | 21 juill. Constitution du duché de Varsovie et de la ville libre de Dantzick, approuvée par l'empereur Napoléon.

—— | 27 juill. L'empereur revient à Saint-Cloud.

—— | 7 au 12 août. Castel-Novo, Cattaro et les îles de la république ionienne, rendues aux François par les Russes.

—— | 13 août. Les Anglois entreprennent le blocus de

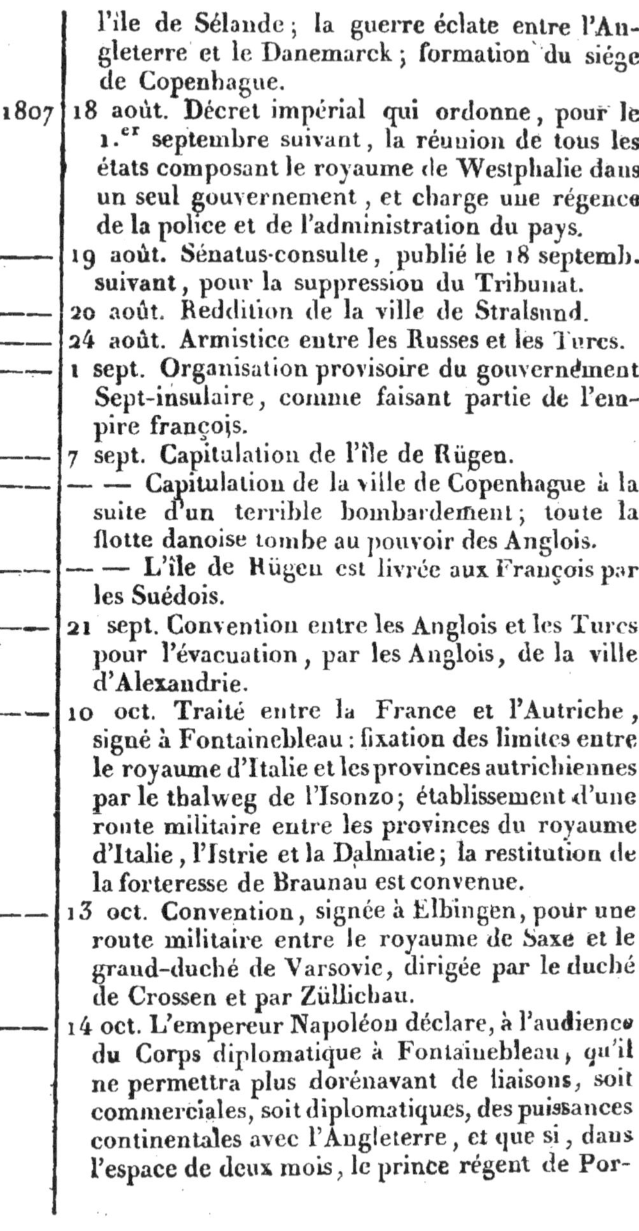

l'île de Sélande ; la guerre éclate entre l'Angleterre et le Danemarck ; formation du siége de Copenhague.

1807   18 août. Décret impérial qui ordonne, pour le 1.er septembre suivant, la réunion de tous les états composant le royaume de Westphalie dans un seul gouvernement, et charge une régence de la police et de l'administration du pays.

—— 19 août. Sénatus-consulte, publié le 18 septemb. suivant, pour la suppression du Tribunat.

—— 20 août. Reddition de la ville de Stralsund.

—— 24 août. Armistice entre les Russes et les Turcs.

—— 1 sept. Organisation provisoire du gouvernement Sept-insulaire, comme faisant partie de l'empire françois.

—— 7 sept. Capitulation de l'île de Rügen.

—— — — Capitulation de la ville de Copenhague à la suite d'un terrible bombardement ; toute la flotte danoise tombe au pouvoir des Anglois.

—— — — L'île de Rügen est livrée aux François par les Suédois.

—— 21 sept. Convention entre les Anglois et les Turcs pour l'évacuation, par les Anglois, de la ville d'Alexandrie.

—— 10 oct. Traité entre la France et l'Autriche, signé à Fontainebleau : fixation des limites entre le royaume d'Italie et les provinces autrichiennes par le thalweg de l'Isonzo ; établissement d'une route militaire entre les provinces du royaume d'Italie, l'Istrie et la Dalmatie ; la restitution de la forteresse de Braunau est convenue.

—— 13 oct. Convention, signée à Elbingen, pour une route militaire entre le royaume de Saxe et le grand-duché de Varsovie, dirigée par le duché de Crossen et par Züllichau.

—— 14 oct. L'empereur Napoléon déclare, à l'audience du Corps diplomatique à Fontainebleau, qu'il ne permettra plus dorénavant de liaisons, soit commerciales, soit diplomatiques, des puissances continentales avec l'Angleterre, et que si, dans l'espace de deux mois, le prince régent de Portugal n'y renonce pas, la maison de Bragance cessera de régner dans le Portugal.

1807 | 16 oct. Traité d'alliance entre la France et le Danemarck, signé à Fontainebleau.

—— | 20 oct. Les Anglois quittent la Sélande et Copenhague, et emmènent la flotte danoise.

—— | — — Édit du prince régent de Portugal pour fermer les ports de ce royaume aux navires de la Grande-Bretagne, tant à ceux de guerre qu'à ceux de commerce.

—— | 26 oct. La Russie déclare rompue toute communication avec l'Angleterre.

—— | — — Une armée françoise, sous les ordres du général Junot, entre en Espagne pour agir de concert avec les Espagnols contre le Portugal.

—— | 30 oct. Le prince des Asturies est accusé d'avoir formé une conspiration contre le roi son père, pour lui ôter le trône et la vie.

—— | 6 nov. La Russie déclare la guerre à l'Angleterre.

—— | 11 nov. Traité entre la France et la Hollande, signé à Paris : cession de la ville de Flessingue et de son territoire à la France, contre l'Ost-Frise, le pays de Jever et les seigneuries de Varel et de Kniphausen.

—— | — — Le gouvernement britannique assujétit les bâtimens des puissances neutres, non seulement à une visite par les croiseurs anglois, mais encore à une station obligée en Angleterre, et à une imposition qui doit être réglée par la législation angloise.

—— | 15 nov. Acte constitutionnel donné au royaume de Westphalie par l'empereur Napoléon.

—— | 16 nov. Départ de l'empereur Napoléon pour l'Italie.

—— | 29 nov. Le prince régent de Portugal s'embarque avec sa cour pour se retirer au Brésil.

—— | 30 nov. Entrée des troupes françoises à Lisbonne.

—— | 7 déc. Jérôme-Napoléon prend les rênes du gouvernement au royaume de Westphalie.

—— | 12 déc. Prise de possession du royaume d'Étrurie, faite au nom de l'empereur des François; la reine d'Étrurie part pour l'Espagne avec le roi son fils.

1807	**15 déc.** Publication de l'acte constitutionnel du royaume de Westphalie.
——	**17 déc.** Décret de l'empereur Napoléon, rendu à Milan, déclarant de bonne et valable prise tout bâtiment qui, pour se conformer aux arrêtés du gouvernement britannique, du 21 novembre précédent, aura souffert la visite d'un vaisseau anglois ou payé une imposition quelconque à ce gouvernement.
——	**19 déc.** Déclaration de guerre de l'Angleterre contre la Russie.
——	**20 déc.** L'adoption du prince Eugène par l'empereur Napoléon proclamée dans l'assemblée des trois colléges électoraux du royaume d'Italie; ce prince, revêtu du titre de *Prince de Venise*, est déclaré héritier du trône d'Italie à défaut d'enfans et de descendans mâles légitimes et naturels de l'empereur Napoléon; un *Sénat consulant* est institué pour l'enregistrement des lois et la répression des abus relatifs à la liberté civile.
——	**23 déc.** Contribution de cent millions de France imposée sur le Portugal en vertu d'un décret impérial rendu à Milan.
——	**30 déc.** Réglement définitif des limites entre l'Autriche et le royaume d'Italie, signé à Gorice.
1808	**3 janv.** Traité de commerce, signé à Milan, entre les royaumes d'Italie et de Bavière.
——	—— Senatus-consulte, incorporant à la France les villes de Kehl, Wesel, Cassel près Mayence, et Flessingue avec leurs dépendances.
——	—— Traité, signé à Paris, entre l'empereur des François et le grand-duc de Berg. Les seigneuries d'Elten, d'Essen et de Werden, le comté de la Marck avec la ville de Lippstadt, la principauté de Munster avec Cappenberg, les comtés de Tecklenbourg, de Lingen et de Dortmund sont cédés, en toute souveraineté, au grand-duc.
——	**27 janv.** Décret du roi de Westphalie, accordant aux juifs les droits de citoyen.

1808	27 janv. Arrivée du prince régent de Portugal à Rio-Janeiro dans le Brésil.
——	1 fév. Le général Junot, général de l'armée françoise de Portugal, déclare que la maison de Bragance a cessé de régner dans ce royaume.
——	—— La ville de Rome est occupée par des troupes françoises, sous les ordres du général Miollis.
——	1 et 17 fév. Prise de Reggio et de Scylla ; entière expulsion des Anglois du royaume de Naples.
——	2 fév. Sénatus-consulte organique qui érige le gouvernement général des départemens au-delà des Alpes en grande dignité de l'Empire.
——	7 fév. Prise de possession de Cassel et de Kostheim, sur la rive droite du Rhin, au nom de l'empereur des François.
——	8 fév. Traité de subsides, signé à Stockholm, entre la Suède et la Grande-Bretagne.
——	13 fév. Décret impérial qui nomme le prince Camille Borghèse à la dignité de gouverneur général des départemens au-delà des Alpes.
——	14 fév. Prise de possession de la forteresse de Kehl et de ses dépendances, au nom de l'empereur des François.
——	16 fév. La Russie déclare la guerre à la Suède.
——	18 fév. et 22 mars. Les ducs de Mecklenbourg-Schwerin et de Mecklenbourg-Strelitz sont reçus dans la confédération du Rhin.
——	$\frac{21}{9}$ fév. Entrée d'une armée russe dans la Finlande suédoise.
——	25 fév. Prise de possession de la ville et forteresse de Wesel par la France.
——	29 fév. Déclaration de guerre du Danemarck contre la Suède.
——	—— Les François s'emparent de la citadelle de Barcelone.
——	1 mars. Statut impérial, présenté au sénat, pour la création de titres de princes, ducs, comtes, barons et chevaliers de l'empire françois ; institution d'une nouvelle noblesse héréditaire.
——	6 mars. Le roi de Prusse interrompt ses relations avec la Suède.
——	8 mars. Création de l'ordre royal des Deux-Siciles par le roi Joseph.

1808 | 11 mars. Prise de possession de l'Ostfrise, des seigneuries de Jever, de Kniphausen et de Varel, au nom du roi de Hollande.

13 mars. Mort de Christian VII, roi de Danemarck.

14 mars. *Frédéric VI* est proclamé roi de Danemarck et de Norwège.

15 mars. Arrivée de l'empereur Napoléon à Bayonne.

17 mars. Décret impérial sur l'organisation d'un corps enseignant sous la dénomination d'Université impériale.

18 et 19 mars. Soulèvement du peuple de Madrid et d'Aranjuez contre le roi Charles IV et son ministre le prince de la Paix ; le roi est forcé d'abdiquer, et le prince des Asturies monte au trône sous le nom de Ferdinand VII.

23 mars. Prise d'Abo, capitale de la Finlande suédoise, par les Russes.

24 mars. Entrée d'une armée françoise à Madrid sous les ordres du grand-duc de Berg.

28 mars. L'empereur de Russie déclare réunir à son empire la Finlande suédoise.

30 mars. Traité d'alliance et de subsides, signé à Palerme entre la Grande-Bretagne et Ferdinand, roi de Sicile.

2 avril. Décret impérial qui démembre de l'état ecclésiastique les légations d'Ancône, d'Urbino, de Macerata et de Camerino, et en forme trois nouveaux départemens du royaume d'Italie.

3 avril. Le nonce Caprara quitte Paris.

15 avril. Arrivée de l'empereur Napoléon à Bayonne.

20 avril. Arrivée du prince des Asturies à Bayonne.

30 avril. Arrivée du roi et de la reine d'Espagne à Bayonne.

1 mai. Nouvelle constitution du royaume de Bavière, publiée à Munich ; adoption du Code Napoléon.

2 mai. Soulèvement du peuple de Madrid contre les François ; il est réprimé ; l'insurrection s'étend successivement par toute l'Espagne.

1808 | 2 mai. Charles IV, roi d'Espagne, déclare que son abdication à la couronne a été forcée.

—— 3 mai. Swéaborg, port et forteresse principale de la Finlande suédoise, se rend, par capitulation, aux Russes, avec la flotille suédoise qui y étoit à l'ancre.

—— 5 mai. Prise de possession de la principauté de Munster, des comtés de la Marck, de Lingen, de Tecklenhourg et dépendances, au nom du grand-duc de Berg.

—— 6 mai. Le prince des Asturies, Ferdinand VII, résigne la couronne d'Espagne entre les mains de son père.

—— 9 mai. Traité, signé à Bayonne, entre l'empereur Napoléon et Charles IV, roi d'Espagne, pour la cession des Espagnes et des Indes.

—— 10 mai. Traité de Bayonne, entre l'empereur Napoléon et le prince des Asturies, pour la cession des Espagnes et des Indes; le roi et la reine d'Espagne, le prince des Asturies, la reine d'Etrurie et les Infans, de même que le prince de la Paix, se retirent en France.

—— 24 mai. Sénatus-consulte pour la réunion des duchés de Parme et de Plaisance, de même que de la Toscane, à l'empire françois.

—— 25 mai. Une grande junte d'Espagne est convoquée à Bayonne pour le 15 juin suivant.

—— 26 mai. Le cœur du maréchal Vauban est déposé en grande pompe à l'hôtel impérial des invalides.

—— 27 mai. Insurrection de l'Espagne méridionale.

—— 6 juin. Proclamation de l'empereur Napoléon, par laquelle il déclare roi des Espagnes et des Indes son frère Joseph-Napoléon, roi de Naples et de Sicile.

—— —— L'insurrection des Portugais contre les François commence à Oporto et s'étend de là par tout le Portugal.

—— 8 et 9 juin. Combat de Tudela des François contre les insurgés espagnols.

—— 9 juin. L'empereur François d'Autriche ordonne

	la levée d'une milice extraordinaire par toute la monarchie.
1808	11 juin. Proclamation de Joseph-Napoléon, adressée aux Espagnols, en sa nouvelle qualité de roi des Espagnes et des Indes.
———	15 juin. Introduction du Code Napoléon dans le royaume de Naples.
———	—— Ouverture de la junte espagnole à Bayonne.
———	20 juin. Traité de commerce entre la France et le royaume d'Italie.
———	—— Nouvelle constitution du royaume de Naples, arrêté à Bayonne, par le roi Joseph-Napoléon, et garantie par l'empereur des François.
———	21 juin. Division du royaume de Bavière en quinze cercles.
———	1 juill. Introduction du Code Napoléon dans le grand-duché de Bade.
———	2 juill. Ouverture des états-généraux du royaume de Westphalie à Cassel.
———	6 juill. Nouvelle constitution d'Espagne, approuvée par la junte de-Bayonne et publiée par le roi Joseph-Napoléon.
———	14 juill. Bataille de Medina del Rio secco ; défaite du général espagnol Cuesta par le maréchal Bessières, duc d'Istrie.
———	15 juill. Traité de Bayonne, en vertu duquel Joachim-Napoléon, grand-duc de Berg, déclaré roi des Deux-Siciles, se démet du grand-duché de Berg entre les mains de l'empereur Napoléon.
———	19 et 20 juill. Combat de la Sierra Morena ; capitulation du général Dupont.
———	20 juill. Arrivée de Joseph Napoléon à Madrid.
———	—— L'empereur Napoléon part de Bayonne.
———	21 juill. Adoption du Code Napoléon par la ville de Dantzick.
———	25 juill. Joseph-Napoléon est proclamé, à Madrid, roi des Espagnes et des Indes.
———	28 juill. Révolution de Constantinople; le sultan Mustapha IV est déposé ; avénement de *Mahmoud II*, son frère puîné.
———	30 juill. Déclaration officielle de la France, touchant les armemens de l'Autriche.

1808	31 juill. Une armée angloise, commandée par Arthur Wellesley, débarque en Portugal, et établit son camp sur les hauteurs de Leiria.
——	—— Prise de possession du grand-duché de Berg, au nom de l'empereur Napoléon.
——	1 août. Le roi Joseph est obligé de quitter Madrid et de se retirer à Burgos.
——	—— Joachim-Napoléon, nouveau roi des Deux-Siciles, est proclamé à Naples.
——	—— Introduction du Code Napoléon dans le grand-duché de Hesse.
——	17 et 18 août. Le marquis de la Romana, secondé par les Anglois, s'embarque, avec les troupes espagnoles sous ses ordres, dans les îles de Fionie et de Langeland, pour les ramener en Espagne.
——	21 août. Bataille de Vimiera, dans le Portugal, entre les François et les Anglois.
——	24 août. Les insurgés d'Espagne proclament de nouveau Ferdinand VII.
——	30 août. Convention signée à Cintra, proche Lisbonne, pour l'évacuation du Portugal par l'armée françoise.
——	6 sept. Entrée du roi Joachim-Napoléon à Naples.
——	14 sept. Combat sanglant d'Oriwais, entre les Suédois et les Russes. Ces derniers se maintiennent dans le gouvernement de Wasa, le plus septentrional de la Finlande.
——	27 sept. Entrevue à Erfurt des empereurs de France et de Russie.
——	9 oct. Le marquis de la Romana débarque à Saint-Ander avec les troupes espagnoles ramenées du Danemarck.
——	14 oct. Traité d'accession du duc de Holstein-Oldenbourg à la confédération du Rhin, signé à Erfurt.
——	20 oct. Création d'un ordre royal d'Espagne.
——	22 oct. Livourne est déclarée port franc.
——	5 nov. Arrivée de l'empereur Napoléon à son quartier-général de Vittoria en Espagne.
——	10 nov. Bataille d'Espinosa ; entière défaite de l'armée espagnole de Galice, commandée par le général Blake.

1808	10 nov. Destruction de l'armée espagnole d'Estremadure dans les plaines de Burgos.
——	12 nov. Décret de proscription de dix seigneurs espagnols par l'empereur Napoléon.
——	14 et 16 nov. Nouvelle révolution de Constantinople par les janissaires; l'ex-sultan Mustapha et le grand-visir Mustapha Bairaktar y périssent.
——	19 nov. Convention d'Olkieki; les Suédois évacuent tout ce qui leur restoit en Finlande.
——	23 nov. Bataille de Tudela; défaite des armées espagnoles d'Aragon et d'Andalousie, commandées par Palafox et Castannos.
——	26 nov. Le grand-duc héréditaire de Bade est nommé co-régent par son aïeul.
——	29 nov. Convention de Berlin pour l'évacuation des états prussiens par les troupes françoises, à l'exception des places de Stettin, de Custrin et de Glogau, où les François conservent garnisons.
——	30 nov. Passage de Samo-Sierra, forcé par le duc de Bellune.
——	3 déc. Les François quittent Berlin.
——	4 déc. Reddition de Madrid; les François rentrent dans cette capitale.
——	—— Décrets de l'empereur Napoléon, rendus à Madrid; suppression du conseil de Castille et du tribunal de l'inquisition; réduction des couvens au tiers; abolition des droits féodaux et des barrières de l'intérieur.
——	5 déc. Capitulation de la place de Roses en Catalogne.
——	9 déc. Les différens corps de la ville de Madrid demandent le retour du roi Joseph dans cette capitale.
——	12 déc. Proclamation de l'empereur Napoléon, faite à Madrid, pour traiter l'Espagne en province conquise, si elle persiste à ne pas reconnoître le roi Joseph.
——	—— Décrets impériaux, rendus à Madrid, pour la réunion des impositions aliénées, et la suppression des justices seigneuriales en Espagne.
——	—— Décrets impériaux, aussi rendus à Madrid, pour la suppression des servages et des droits qui

en dérivent, dans le grand - duché de Berg et
de Clèves, dans les pays d'Erfurt, de Fulde, de
Hanau et de Bayreuth.

1808 15 déc. Combat de Llinas en Catalogne; défaite
d'un corps espagnol par le général Gouvion-
Saint-Cyr.

—— 23 déc. Les habitans de Madrid prêtent serment
de fidélité au roi Joseph.

1809 3 janv. Combat de Prieros sur la frontière de la
Galice : défaite de l'arrière-garde angloise; une
division entière espagnole met bas les armes sur
la route de Villa-Franca.

—— 5 janv. Paix signée à Constantinople entre la Porte
et l'Angleterre.

—— 7 janv. Arrivée du roi et de la reine de Prusse à
Saint-Pétersbourg.

—— 12 janv. L'île de Cayenne et la Guyane françoise
se rendent par capitulation aux Anglois et aux
Portugais.

—— 13 janv. Destruction de l'armée de Venegas, près
Tarazona, par le duc de Bellune.

—— 14 janv. Traité de paix et d'alliance entre le roi
de la Grande-Bretagne et les insurgés d'Espagne.

—— 16 janv. Défaite des Anglois près de la Corogne ;
le général John Moore y est tué.

—— 19 janv. Capitulation de la Corogne.

—— 22 janv. Entrée solennelle du roi Joseph à Madrid.

—— 23 janv. Retour de l'empereur Napoléon à Paris.

—— 26 janv. Capitulation du Ferrol.

—— 30 janv. Les Anglois débarquent à la Martinique
dans le dessein d'en faire la conquête.

—— 1 et 2 févr. L'empereur Napoléon fait avertir les
membres de la confédération du Rhin de tenir
leurs contingens prêts.

—— 21 févr. Reddition de la ville de Saragosse.

—— 24 févr. Capitulation de la Martinique.

—— 1 mars. Acte du congrès des États - Unis d'Amérique, pour exclure des ports américains tous
les navires françois et anglois.

—— 2 mars. Sénatus - consulte, qui érige le gouvernement général des départemens de la Toscane en
grande dignité de l'Empire, pour être conférée

à une princesse du sang impérial, avec le titre de grande-duchesse.

1809 3 mars. Décret impérial qui déclare la princesse Elisa, princesse de Lucques et de Piombino, grande-duchesse de Toscane.

—— —— L'empereur Napoléon cède, en toute souveraineté, le grand-duché de Berg à Louis-Napoléon, fils du roi de Hollande, en se réservant le gouvernement et l'administration de cet état pendant la minorité du jeune prince.

—— 13 mars. Gustave Adolphe IV, roi de Suède, est arrêté; les rênes du gouvernement du royaume sont confiées à Charles, duc de Sudermanie, oncle du roi; les états de Suède sont convoqués pour le 1.er mai.

—— 17 mars. Les Russes s'emparent des îles d'Aland.

—— 19 mars. Gustave Adolphe IV abdique la royauté.

—— 27 mars. Défaite de l'armée espagnole d'Andalousie, près de Ciudad-Réal, par le général Sebastiani.

—— 28 mars. Défaite du général espagnol Cuesta, entre don Benito et Medelin, par le duc de Bellune.

—— 29 mars. Bataille sanglante d'Oporto, défaite de l'armée portugaise par le duc de Dalmatie; les François se retirent du Portugal.

—— 9, 11 avril. Invasion des Autrichiens dans la Bavière et en Italie; nouvelle guerre de l'Autriche contre la France et ses alliés de la confédération du Rhin.

—— 12 avril. Départ de l'empereur Napoléon de Paris, pour joindre son armée d'Allemagne.

—— 15 avril. Invasion des Autrichiens dans le grand-duché de Varsovie, sous les ordres de l'archiduc Ferdinand.

—— 19 avril. Combat sanglant de Thann.

—— 20 avril. Bataille d'Abensberg par l'empereur Napoléon.

—— —— Les Autrichiens prennent par capitulation la ville de Ratisbonne.

—— 21 avril. Capitulation de Varsovie; l'armée polonoise se retire au-delà de la Vistule.

1809	**22 avril.** La grande armée autrichienne, sous les ordres de l'archiduc Charles, est défaite, par l'empereur Napoléon, à la bataille d'Eckmühl, livrée entre Ratisbonne et Landshut; 50,000 Autrichiens y sont faits prisonniers; 100 pièces de canon, 40 étendarts, 3000 chariots de bagage pris; les Autrichiens font leur retraite par Ratisbonne.
⸺	**23 avril.** Combat devant Ratisbonne; cette ville est prise d'assaut par les François.
⸺	**24 avril.** Adoption du Code Napoléon dans le royaume de Hollande.
⸺	⸺ La suppression de l'ordre teutonique dans les pays de la confédération rhénane est arrêtée.
⸺	**26 avril.** L'armée françoise passe l'Inn sur plusieurs points.
⸺	**28 avril.** Schill, major prussien, sort de Berlin avec un corps de troupes, et se porte sur le royaume de Westphalie.
⸺	**29 avril.** Défaite de l'armée autrichienne d'Italie entre Caldiero et Montebello par le vice-roi prince Eugène.
⸺	Vers la fin d'avril. La guerre se renouvelle entre la Russie et la Porte.
⸺	**3 mai.** Combat sanglant d'Ebersberg sur la Traun; les Autrichiens y perdent 12,000 hommes.
⸺	⸺ La Russie déclare la guerre à l'Autriche; une armée russe entre dans la Galicie.
⸺	**8 mai.** Passage de la Piave par l'armée d'Italie; défaite des Autrichiens par le vice-roi d'Italie.
⸺	**9 mai.** Ouverture de la diète de Suède à Stockholm par le duc de Sudermanie.
⸺	**10 mai.** La diète de Suède déclare Gustave Adolphe IV déchu du trône, et sa descendance exclue de la succession.
⸺	**13 mai.** Capitulation de la ville de Vienne; la garnison se rend prisonnière de guerre.
⸺	**17 mai.** Trieste est occupée par les François.
⸺	⸺ Décret de l'empereur Napoléon, rendu au camp de Vienne, pour la réunion des états du pape à l'empire françois; la ville de Rome est déclarée ville impériale libre; le pape continuera

de siéger à Rome, et jouira de deux millions de francs de revenus.

1809   21, 22 mai. Bataille sanglante d'Ebersdorf, de Gros-Aspern et d'Esling sur la rive gauche du Danube : les ponts du Danube rompus par la crue subite des eaux forcent les François à se retirer dans la grande île du Danube, nommée *in der Lobau*. Le maréchal duc de Montebello meurt de ses blessures.

26 mai. Convention d'Umea : les Suédois évacuent la ville d'Umea et toute la Westrobothnie.

27 mai. L'armée d'Italie fait sa jonction avec la grande armée françoise près Bruck sur la Muhr.

31 mai. Des troupes hollandoises, réunies à des troupes danoises, prennent d'assaut la ville de Stralsund qu'occupoit le major Schill; ce dernier y périt.

1 juin. Proclamation du régent de Suède au sujet de la reprise des hostilités contre la Russie et le Danemarck.

— L'archiduc Ferdinand évacue Varsovie, et fait sa retraite du grand-duché de Varsovie.

6 juin. Le duc de Sudermanie est élu roi de Suède sous le nom de *Charles XIII*.

7 juin. Nouvelle constitution adoptée par la diète de Suède.

10 juin. Décret de l'empereur Napoléon promulgué à Rome pour la réunion de l'état de l'église à l'empire françois.

14 juin. Bataille de Raab gagnée par les armées italienne et françoise contre les forces réunies de l'archiduc Jean, de l'archiduc palatin et de l'insurrection hongroise.

15 juin. Une armée espagnole, commandée par Blake, est défaite près Santa-Fe par le général Suchet.

22 Capitulation de la forteresse de Raab.

5, 6 et 7 juill. Passage du Danube par l'armée françoise auprès de l'île de Lobau : batailles d'Enzerdorf et de Wagram : la grande armée autrichienne, sous les ordres de l'archiduc Charles, est défaite par l'empereur Napoléon.

1809 | 6 juill. La nouvelle constitution du royaume de Suède est publiée.

— | 7 juill. Santo-Domingo est pris sur les François par les Anglois réunis aux insurgés espagnols.

— | 12 juill. Armistice d'un mois signé à Znaim en Moravie entre les armées françoise et autrichienne : une ligne de démarcation est établie ; la Haute et Basse Autriche, les cercles de Znaim et de Brunn dans la Moravie, une partie considérable de la Hongrie, avec Presbourg et Raab, la Stirie, la Carinthie, le pays de Saltzbourg, la Carniole, l'Istrie avec Trieste et Fiume, restent aux François, pendant la durée de l'armistice ; les forteresses de Brunn et de Grætz leur sont livrées par les Autrichiens, qui s'engagent aussi à retirer leurs troupes du Tirol et du pays de Vorarlberg.

— | 14 juill. Capitulation de Cracovie : cette ville est livrée aux Polonois par les Autrichiens.

— | mi-juill. Le duc de Brunswick-Oels traverse, à la tête de 2000 hommes, la Saxe et le royaume de Westphalie, et s'embarque à Elsfleth pour l'Angleterre.

— | 18 juill. La succession au trône de Suède est déférée au prince Christian-Auguste de Holstein-Augustenbourg pour lui et ses descendans mâles.

— | 21 juill. Les Anglois s'emparent de l'île d'Islande.

— | 26 juill. Défaite des insurgés d'Espagne à Santo-Domingo, près de Tolède, par le roi Joseph.

— | 28 juill. Bataille non décisive de Talaveyra de la Reyna, livrée par le roi Joseph aux insurgés d'Espagne et leurs alliés les Anglois, commandés par sir Arthur Wellesley.

— | 31 juill. et 1 août. Une grande flotte angloise arrive sur les côtes de Zélande ; débarqués dans l'île de Walcheren, les Anglois s'emparent de Middelbourg et de Tervère.

— | 11 août. Bataille d'Almonacid, à trois lieues de Tolède ; entière défaite de l'armée espagnole d'Andalousie par le roi d'Espagne.

— | 15 août. Capitulation de Flessingue ; la garnison,

avec le général Monnet, se rend prisonnière de guerre.

1809 | 15 août. Décret impérial, portant création d'un nouvel ordre sous le nom d'ordre des Trois Toisons-d'Or.

—— —— Décret impérial qui crée princes de l'empire françois, le prince de Neufchâtel, sous le titre de prince de Wagram; le maréchal duc d'Auerstædt, sous celui de prince d'Eckmühl; le maréchal duc de Rivoli, sous celui de prince d'Eslingen.

—— 18 août. Décret royal de Madrid pour la suppression de tous les couvens en Espagne.

—— 20 août. Décret royal de Madrid, supprimant les grandezza et tous les titres qui ne seroient pas reconnus et renouvelés par des décrets spéciaux.

—— 30 août. Les Anglois se retirent de la Zélande, en laissant garnison à Flessingue.

—— 17 sept. Paix entre la Russie et la Suède signée à Friedrichshamm ; cession de la Finlande suédoise et des îles d'Aland à la Russie; la ville de Tornea et la rivière de ce nom sont établies pour limites septentrionales entre les deux états.

—— 18 sept. Décrets du roi d'Espagne qui suppriment tous les ordres de chevalerie existant dans ce royaume, à l'exception de l'ordre royal d'Espagne, créé par le décret du 20 octobre 1808 et de celui de la Toison-d'Or.

—— 14 oct. Traité de paix entre l'empereur Napoléon et François I, empereur d'Autriche, signé à Schœnbrunn : l'Autriche cède en faveur des souverains de la confédération du Rhin les pays de Saltzbourg et de Berchtolsgaden, avec une partie de la Haute-Autriche ; elle cède à l'empereur des François, roi d'Italie, le comté de Gorice, le territoire de Montefalcone, le gouvernement et la ville de Trieste, le cercle de Villach en Carinthie, et tous les pays situés à la droite de la Save jusqu'à la frontière de la Bosnie, comme la Carniole, une partie de la Croatie, Fiume et le Littoral hongrois, l'Istrie autrichienne, etc. ; elle cède au grand-duché de

Varsovie toute la Galicie occidentale avec Cracovie, etc., et à la Russie la partie la plus orientale de l'ancienne Galicie.

1809 14 oct. Décret impérial, rendu à Schœnbrunn, pour former les pays cédés à la France, par le traité de paix de Vienne, y compris la Dalmatie avec ses villes, en un seul et même corps, sous la dénomination de *provinces illyriennes*.

—— 12 nov. Décret impérial pour l'introduction du Code Napoléon dans le grand-duché de Berg.

—— 19 nov. Bataille d'Ocanna ; défaite d'une armée de 55000 insurgés espagnols par le roi d'Espagne ; les Anglois se retirent en Portugal.

—— 20 nov. Évacuation de la ville de Vienne par les troupes françoises.

—— 28 nov. Décret impérial relatif aux prix décennaux à accorder à tous les genres de talens.

—— —— Combat d'Alba de Tormès ; défaite d'un corps d'insurgés espagnols par le général Kellermann.

—— 3 déc. L'empereur déclare avoir réuni les états romains à son empire, parce que l'influence spirituelle, exercée par un souverain étranger en France, étoit contraire à l'indépendance de l'état, à la dignité et à la sûreté du trône.

—— 10 déc. Traité de paix signé à Jœnkœping entre le Danemarck et la Suède.

—— —— Capitulation de Gironne.

—— —— Décret du roi de Westphalie, qui réunit les universités de Helmstædt et de Rinteln, l'institut de Klosterbergen près Magdebourg et le séminaire de Riddagshausen près Brunswick, aux trois universités de Gœttingue, de Halle et de Marbourg, et qui remplace le collége Carolin de Brunswick par une école militaire.

—— 16 déc. Le sénat de France prononce la dissolution du mariage de l'empereur Napoléon et de l'impératrice Joséphine.

—— 23 déc. Retour du roi de Prusse à Berlin.

—— 24 déc. Les Anglois évacuent Flessingue et l'île de Walcheren.

—— 25 déc. Décret du roi de Westphalie pour la

7

	fondation d'un ordre de la couronne de West-phalie.
1809	25 déc. Décret impérial relatif à l'organisation du gouvernement des provinces illyriennes.
——	27 déc. Des troupes françoises entrent dans Flessingue; l'île de Walcheren est déclarée réunie à l'empire françois.
——	28 déc. Le roi Gustave Adolphe IV arrive à Stralsund, avec toute sa famille, pour se retirer en Suisse.
1810	6 janv. Traité de paix entre la France et la Suède, signé à Paris : la Poméranie suédoise et l'île de Rügen sont rendues à la Suède qui adhère au système continental, et ferme ses ports au commerce anglois.
——	9 janv. Sentence du tribunal de l'officialité de Paris déclarant la nullité, quant au lieu spirituel, du mariage de l'empereur Napoléon et de l'impératrice Joséphine; cette sentence est confirmée par l'officialité métropolitaine.
——	14 janv. Traité conclu à Paris entre l'empereur Napoléon et le roi de Westphalie, son frère : l'électorat d'Hanovre est cédé au royaume de Westphalie, à l'exception du duché de Saxe-Lauenbourg que l'empereur se réserve.
——	19 et 21 janv. L'armée d'Espagne force le passage de la Sierra-Morena, et se porte sur le Guadalquivir.
——	22 janv. Le nouveau prince royal de Suède fait son entrée solennelle à Stockholm; il prête son serment le 24, et change son nom de Christian-Auguste en celui de Charles-Auguste.
——	24 janv. Déclaration de l'empereur Napoléon contre l'administration de la Hollande, qui a rendu ses ports les principaux entrepôts du commerce de l'Angleterre.
——	——Les forteresses de Bréda et de Berg-op-Zoom sont occupées par des troupes françoises.
——	—— Entrée des François à Cordoue et Jaen.
——	28 janv. Reddition de la ville de Grenade à l'armée du général Sébastiani.

1810 | 3o janv. Sénatus - consulte sur la dotation de la couronne.

—— | 1 févr. Le roi Joseph fait son entrée à Séville.

—— | 3 févr. Les Anglois s'emparent de la Guadeloupe.

—— | 5 févr. Prise de Malaga par le général Sébastiani, à la suite d'un combat sanglant.

—— | 17 févr. Sénatus-consulte touchant la réunion des états de Rome à l'empire françois, l'indépendance du trône impérial de toute autorité sur la terre, et l'existence temporelle des papes.

—— | —— Sénatus - consulte qui décerne au fils aîné de l'empereur des François le titre de *Roi de Rome*, et statue que l'empereur des François soit couronné une seconde fois à Rome dans les dix premières années de son règue.

—— | 19 fév. Les Anglois prennent possession de l'île d'Amboine.

—— | —— Traité signé à Paris, par le prince primat, touchant l'érection du grand - duché de Francfort.

—— | 20 févr. Bataille de Vich en Catalogne par le général Souham.

—— | 27 févr. L'empereur Napoléon annonce au sénat de France son mariage avec l'archiduchesse Marie - Louise, fille de l'empereur François d'Autriche.

—— | 28 févr. Traité entre l'empereur Napoléon et le roi de Bavière : une partie du Tirol italien est cédée au royaume d'Italie.

—— | 1 mars. Décrets de l'empereur Napoléon, constituant le grand-duché de Francfort en faveur du prince primat et du prince Eugène - Napoléon, déclaré son successeur : la ville de Francfort avec son territoire, la principauté d'Aschaffenbourg, la plus grande partie des principautés de Hanau et de Fulde, et la ville de Wetzlar, y sont comprises.

—— | —— L'empereur Napoléon fait mettre le roi de Westphalie, son frère, en possession du pays d'Hanovre.

—— | 3 mars. Convention conclue entre la Russie et l'Autriche, en vertu de laquelle le cercle de

	Tarnopol et quelques portions des cercles de Saletchyk, de Slatchow et de Bretchamy, sont cédés à la Russie, en exécution d'une stipulation de la paix de Schœnbrunn.
1810	10 mars. Réglement de la diète de Suède touchant la liberté de la presse.
——	16 mars. Traité conclu à Paris entre l'empereur Napoléon et le roi de Hollande, par lequel tout commerce entre les ports de la Hollande et de l'Angleterre est défendu, aussi long-temps que les ordres du conseil britannique de 1807 ne seront pas révoqués : 18000 hommes, dont 12000 Hollandois et 6000 François, surveilleront l'exécution de cette disposition ; tout le Brabant hollandois, ainsi que la Zélande, y compris l'île de Schouwen, sont cédés à la France.
——	22 mars. Arrivée de l'impératrice Marie-Louise d'Autriche à Strasbourg.
——	23 mars. Les Anglois occupent la ville de Ceuta en Afrique.
——	1 et 2 avril. Mariage de l'empereur Napoléon avec Marie-Louise d'Autriche, célébré à St.-Cloud et à Paris.
——	19 avril. Révolution de Caraccas, dans l'Amérique méridionale espagnole : cette province se détache de la mère-patrie, et son exemple est suivi de plusieurs autres provinces.
——	23 avril. Combat de Lerida entre le général Suchet et Odonnel.
——	24 avril. Traité conclu à Paris entre le roi de Wirtemberg et le grand-duc de Bade pour la fixation des limites entre les deux états.
——	26 avril. Sénatus-consulte qui réunit à la France tous les pays situés sur la rive gauche du Rhin, depuis les limites des départemens de la Roër et de la Meuse-Inférieure jusqu'à la mer.
——	1 mai. Installation de l'académie impériale de Strasbourg.
——	—— Acte du congrès d'Amérique qui interdit l'entrée des ports américains aux vaisseaux de guerre françois et anglois.
——	11 mai. Traité conclu à Paris entre le roi de

Wurtemberg et les grands-ducs de Bade et de Hesse, pour la fixation des limites entre leurs états respectifs.

1810 16 mai et suiv. Le grand-duc de Francfort est mis en possession de la principauté de Hanau et de celle de Fulde.

—— 18 mai. Convocation des cortès d'Espagne par le roi Joseph.

—— 20 mai. Traité conclu à Paris entre le roi de Bavière et le grand-duc de Würzbourg pour la fixation des limites entre les deux états : une partie du pays d'Anspach et de celui de Bamberg, la ville de Schweinfurt y comprise, est cédée au grand-duc de Würzbourg par le roi de Bavière.

—— 22 mai. La ville et la principauté de Ratisbonne sont délivrées au roi de Bavière.

—— 28 mai. Décret impérial qui réunit le Tirol méridional au royaume d'Italie.

—— —— Mort subite du prince royal de Suède.

—— 3 juin. Victoire remportée sur les Turcs en Bulgarie par le général russe comte Kamenski : Silistrie se rend par capitulation aux Russes.

—— 5 juin. Sénatus-consulte qui ordonne la formation du département des Bouches de l'Escaut.

—— 20 juin. Soulèvement du peuple de Stockholm à l'arrivée du convoi funèbre du prince royal de Suède : le comte de Fersen, maréchal du royaume, y est tué comme soupçonné par le peuple d'avoir causé la mort de ce prince.

—— 23 juin. Combat de Schiumla entre les Russes et les Turcs.

—— 29 juin. La principauté de Bayreuth est remise au commissaire du roi de Bavière.

—— 3 juill. Louis-Napoléon, roi de Hollande, abdique la couronne en faveur de son fils Napoléon-Louis, mineur ; la régence est réservée à la reine-mère, assistée d'un conseil de régence.

—— 4 juill. Des troupes françoises, sous les ordres du maréchal duc de Reggio, entrent à Amsterdam.

—— 7 juill. Prise de l'île de la Réunion (Bourbon) par les Anglois.

1810	9 juill. Décret impérial pour la réunion de la Hollande à l'empire françois : Amsterdam est déclarée troisième ville de l'Empire.
——	10 juill. La forteresse de Ciudad Rodrigo se rend à discrétion à l'armée françoise, à la suite d'un très-long siége.
——	19 juill. Décret du roi de Westphalie pour la réunion définitive des provinces hanovriennes au royaume de Westphalie.
——	2 août. Insurrection du peuple de Quito.
——	5 août. L'empereur Napoléon fait déclarer aux États-Unis d'Amérique que ses décrets de Berlin et de Milan de 1806 et 1807 cesseront d'avoir force au 1.er novembre suivant, si le gouvernement britannique révoque ses arrétés du blocus continental, et de l'assujettissement des neutres à ses réglemens, ou que les États-Unis se décident à faire respecter leurs droits d'indépendance.
——	—— Décret de l'empereur des François, qui érige en gouvernement général les départemens de Rome et du Trasimène.
——	—— Décret de l'empereur des François, qui soumet à un nouveau tarif les marchandises coloniales introduites en France.
——	18 août. Proposition du roi de Suède aux états du royaume pour l'élection du prince de Ponte-Corvo comme successeur au trône de Suède.
——	21 août. Acte d'élection du prince de Ponte-Corvo comme successeur au trône de Suède, pour lui et ses descendans mâles, par la diète de Suède assemblée à Oerebro. La diète lui prescrit la condition qu'avant son entrée sur le territoire de Suède il ait à embrasser la religion évangélique luthérienne.
——	27 août. Capitulation de la forteresse d'Alméida sur la frontière du Portugal.
——	7 sept. Bataille de Balyn entre les Russes et les Turcs. Les premiers s'emparent de Sistowe.
——	15 sept. Entrée en Portugal d'une armée françoise, commandée par le prince d'Essling.

1810 | 27 sept. Prise de Routschouk et de Giorgewo par les Russes.

—— | 3o sept. Les provinces de Salzbourg et de Berchtolsgaden, le quartier de l'Inn, et celui de l'Hausruck sont remis, par la France, aux commissaires du roi de Bavière.

—— | 1 oct. Décret du roi de Bavière, qui divise son royaume en neuf cercles ou départemens.

—— | 2 oct. Traités de Compiégne et de Paris des 24 avril, 18 mai et 2 oct., pour la fixation des limites entre le roi de Bavière, le roi de Würtemberg et le grand-duc de Bade.

—— | 19 oct. Décret impérial portant que toutes les marchandises angloises existantes en France, en Hollande, dans le grand-duché de Berg, dans les villes hanséatiques, et généralement depuis le Mein jusqu'à la mer, seront brûlées.

—— | 19 oct. Le prince de Ponte-Corvo, élu prince royal de Suède, fait profession de la religion luthérienne à Elseneur.

—— | 28 oct. Arrêté du président des Etats-Unis d'Amérique pour s'emparer d'un district situé à l'est du Mississippi et au sud du territoire dit du Mississippi, comme faisant partie de la Louisiane.

—— | 2 nov. Entrée solennelle du prince royal de Suède à Stockholm.

—— | —— Acte du congrès des États-Unis d'Amérique qui révoque à l'égard de la France son acte du 1.er mai.

—— | 8 nov. Décret impérial qui assigne au pape, pour sa demeure, l'ancien palais de l'archevêché à Paris.

—— | —— Traité de limites entre la Russie et la Suède, signé à Tornéa.

—— | 12 nov. Décret impérial qui réunit le Valais à l'empire françois.

—— | —— Décret du roi de Würtemberg pour la division du royaume de Würtemberg en douze départemens.

—— | 17 nov. Déclaration de guerre de la Suède contre la Grande-Bretagne.

1810 | 3 déc. L'Isle de France, envahie par une flotte angloise, se rend par capitulation.

—— | 8 déc. Décret impérial qui attribue exclusivement à la couronne la fabrication du tabac dans toute l'étendue de l'Empire.

—— | 13 déc. Sénatus-consulte pour la réunion à l'empire françois de la Hollande, des villes hanséatiques de Bremen, Hambourg, Lubeck, du Lauenbourg et des pays situés entre la mer du Nord et une ligne tirée depuis le confluent de la Lippe dans le Rhin jusqu'à Halteren, de Halteren à l'Ems au-dessus de Telget ; de l'Ems au confluent de la Werra dans le Weser près Rehme ; delà le Weser jusqu'à Stolzenau ; de Stolzenau à l'Elbe au-dessus du confluent de la Steckenitz ; de la Steckenitz à la Trave jusqu'à son embouchure dans la mer Baltique.

—— | —— Sénatus-consulte pour la réunion du Valais à l'empire françois.

—— | —— Sénatus-consulte pour la levée de 120,000 conscrits pour le service de terre, et de 40,000 pour celui de mer.

1811 | 1 janv. Prise de la ville de Tortose par le maréchal Suchet.

—— | 8 janv. Acte du parlement d'Angleterre, qui défère au prince de Galles la régence pendant la maladie du roi, avec des restrictions qui n'auront lieu que pendant une année.

—— | 22 janv. Prise d'Olivença par le général Girard.

—— | 19 fév. Bataille de la Gebora par le maréchal duc de Dalmatie.

—— | 28 fév. Prise de possession du duché d'Oldenbourg par la France.

—— | 5 mars. Bataille de Chiclana, près Cadix, par le duc de Bellune.

—— | 5 et 15 mars. L'armée françoise, commandée par le prince d'Esslingen, se retire du Portugal.

—— | 10 mars. Capitulation de Badajoz.

—— | 20 mars. Naissance du Roi de Rome.

—— | 28 avril. Convention de limites entre la Prusse et la Westphalie, signée à Berlin.

—— | 10 mai. Les François abandonnent Almiéda.

1811	16 mai. Bataille d'Alboërra (Albuhera) par le maréchal duc de Dalmatie.
——	23 mai. Suppression de l'ordre militaire de Saint-Jean en Prusse.
——	16 juin. Les ducs de Raguse et de Dalmatie forcent les Anglois à lever le siége de Badajoz.
——	17 juin. Ouverture d'un concile national à Paris.
——	22 juin. Création d'un ministère des manufactures et du commerce, en France.
——	28 juin. La ville de Tarragone est prise d'assaut par le général comte Suchet.
——	4 juil. Décret impérial sur l'organisation des départemens hanséatiques.
——	—— Bataille de Routchouk gagnée par le grand-visir sur le général russe Kutusow.
——	5 juill. Déclaration d'indépendance par le congrès général des provinces-unies de Vénézuéla, dans l'Amérique méridionale espagnole.
——	15 août. Combat de Czernitz entre Ismaïl-Bey et le général russe Sass.
——	19 août. Reprise de Figuieras par les François.
——	25 août. Décret impérial relatif aux François naturalisés en pays étranger.
——	26 août. Batavia tombe au pouvoir des Anglois.
——	18 oct. L'Ordre royal de l'union de la Hollande est supprimé et remplacé par l'*Ordre impérial de la réunion*.
——	21 oct. Décret impérial sur l'organisation des sept départemens de la ci-devant Hollande.
——	25 oct. Bataille de Sagonte, dans le royaume de Valence, par le maréchal Suchet.
——	15 nov. Décret impérial sur le régime de l'université.
——	8 déc. Le général russe comte de Kutusow fait mettre bas les armes à l'armée de Tchapan-Oglou, forte de vingt-cinq mille hommes et campée dans une île du Danube.
1812	8 janv. Décret impérial portant suppression des corporations religieuses et ordres monastiques dans les départemens réunis par les décrets des 24 avril, 15 mai, 9 juillet, 12 novembre et 13 décembre 1810.

7 bis

1812 | 9 janv. La ville et forteresse de Valence se rend, par capitulation, au maréchal comté Suchet; ce maréchal est créé duc d'Albufera.

—— 16 janv. Le roi de Sicile se démet en faveur de son fils.

—— 19 janv. Prise de Ciudad Rodrigo par les Anglois.

—— 18 févr. Le prince régent d'Angleterre entre dans la plénitude du pouvoir royal.

—— 24 fév. Traité d'alliance, signé à Paris, entre la France et la Prusse; garantie réciproque de l'intégralité des possessions actuelles des deux puissances.

—— 13 mars. Sénatus-consulte relatif à l'organisation de la garde nationale divisée en trois bans.

—— 14 mars. Traité d'alliance entre la France et l'Autriche, signé à Paris; garantie réciproque de l'intégralité des possessions actuelles des deux puissances; garantie de l'intégralité des possessions de la Porte Ottomane en Europe.

—— 28 mars. Renouvellement de la capitulation entre la France et la Suisse.

—— 28 mai. Traité de paix signé à Bucharest entre les plénipotentiaires russes et le grand-visir : le Pruth est établi pour limite entre les deux empires.

—— 17 juin. La Grande-Bretagne révoque les ordres du conseil des 7 janvier et 26 avril 1807.

—— —— Le congrès des Etats-Unis d'Amérique déclare la guerre à la Grande-Bretagne.

—— 19 juin. Arrivée du pape Pie VII à Fontainebleau.

—— 20 juin. Nouvelle constitution de la Sicile. Etablissement d'un parlement composé de deux chambres. Abolition de la féodalité.

—— 22 juin. L'empereur des François annonce la guerre avec la Russie, par une proclamation datée de Wilkowiski.

—— 23 juin. L'armée françoise, commandée en chef par l'empereur Napoléon, passe le Niemen sur différens points pour marcher contre la Russie; retraite de l'armée russe vers la Duna; toute la Lithuanie est ouverte aux François.

—— 28 juin. Entrée de l'empereur Napoléon à Wilna.

1812 | 28 juin. La diète de Varsovie, formée en confédération générale, déclare le royaume de Pologne et le corps de la nation polonoise rétablis ; l'acte de la confédération est soumis à l'approbation de l'empereur.

— 1 juill. L'empereur nomme un gouvernement provisoire de la Lithuanie.

— 18 juill. Traité de paix signé à Oerebro, entre la Grande-Bretagne, la Russie et la Suède ; stipulation d'une alliance défensive entre la Grande-Bretagne et la Suède, pour le cas où celle-ci seroit attaquée.

— 20 juill. Traité d'alliance signé à Weliki - Luki entre l'empereur de Russie et les insurgés d'Espagne.

— 21 juill. Bataille des Aropiles entre le duc de Raguse et le général Wellington ; retraite de l'armée françoise derrière le Duero.

— 23 juill. Combat de Mohilow gagné par le prince d'Eckmühl sur le prince Bagration.

— 25, 26, 27 juill. Trois combats livrés aux Russes près d'Ostrowno.

— 28 juill. Entrée des François à Witepsk.

— 11 août. Entrée des Anglois à Madrid.

— 17 août. Bataille de Smolensk, gagnée par l'empereur Napoléon contre plusieurs divisions de l'armée russe. Prise de Smolensk.

— 19 août. Combat de Valontina par le maréchal duc d'Elchingen.

— 7 sept. Bataille de la Moskwa, gagnée par l'empereur Napoléon sur le général russe Kutusow ; le général russe Bagration est mortellement blessé.

— 14 sept. Entrée des François à Moscou ; cette ville est brûlée par les Russes.

— 18 oct. Combat de Winskowo entre le roi de Naples et le général russe Benigsen.

— 18, 19, 20 oct. Combats de Polotsk, du maréchal Gouvion - Saint - Cyr, contre le général russe comte de Witgenstein.

— 19 oct. Départ de l'armée françoise de Moscou.

— 22 oct. Levée du siége du château de Burgos, par

1812	le général Wellington ; retraite de l'armée angloise vers le Portugal.
——	24 oct. Combat de Maloïaroslawetz entre le vice-roi d'Italie et les Russes.
——	1 nov. Rentrée des François à Madrid.
——	2 nov. Combat de Wiasma, du vice-roi et du prince d'Eckmühl, contre les Russes.
——	9 nov. Arrivée du quartier-général de la grande armée françoise à Smolensk.
——	10 nov. Jonction à Alba de Tormea, des trois armées françoises de Portugal, du centre et du midi.
——	15 nov. Le quartier-général de la grande armée françoise quitte Smolensk.
——	15 et 18 nov. Combats de Wilkowitz entre le comte Regnier et le général russe Sacken.
——	19 nov. Passage du Dniéper par l'armée françoise.
——	24 nov. Combat de Borisow entre le duc de Reggio et une division de l'armée russe de Volhynie.
——	28 nov. Bataille de la Bérésina par la grande armée françoise et les deux armées russes de la Volhynie et de la Dwina, réunies.
——	3 déc. L'armée françoise arrive à Molodotschno.
——	18 déc. Arrivée de l'empereur Napoléon à Paris.
——	29 déc. Capitulation du général Yorck, commandant un corps auxiliaire prussien, non ratifiée par le roi de Prusse.
1813	5 janv. Les François quittent Kœnigsberg et prennent position sur la Vistule.
——	24 janv. Nouveau concordat signé à Fontainebleau entre l'empereur des François et le Pape.
——	5 févr. Sénatus-consulte sur la régence pendant la minorité de l'empereur des François.